L’échec d’une construction légale du droit des successions au Mali

Collection « Études africaines »

dirigée par Denis Pryen et son équipe

Forte de plus de mille titres publiés à ce jour, la collection « Études africaines » fait peau neuve. Elle présentera toujours les essais généraux qui ont fait son succès, mais se déclinera désormais également par séries thématiques : droit, économie, politique, sociologie, etc.

Dernières parutions,

Sous la direction de Moustapha SOUMAHORO, *Aménagement, décentralisation et développement local en Afrique subsaharienne*, 2020

Maixant MEBIAME ZOMO & Ludovic MBA NDZENG (dir.), *Le travail anthropologique de Paulin Nguema-Obam, Dettes et critiques*, 2020.

Christian SCHOENAERS, *Trois hommes des Lumières à l'île de Goreé,* 2020.

André LISONGOMI BATIBONDA, *Afromarché électoral. Heuristique des ambivalences des pratiques électorales en République Démocratique du Congo,* 2020

Samba DIOP, *La diaspora africaine en Norvège. Immigration et intégration en Europe*, 2020

Abel Renaud EBA, *L'Afrique, l'ultime réserve pétrolière du monde face à la transition énergétique. Un zoom sur les matières premières minérales énergétiques et le développement de l'Afrique*, 2020.

Fabrice MODOMPTE DEG-TIGUEY, *Le contentieux des contrats miniers et pétroliers en République centrafricaine,* 2020.

Barthélemy MAHOUKOU et Nadège OKEMY ANDISSA, *Formation qualifiante et évaluation de stage au Congo Brazzaville. Constats et perspectives*, 2020.

Gaston MBEMBA-N'DOUMBA, *Femmes et petits commerces du fleuve Congo entre Brazzaville et Kinshasa*, 2020.

Albert TIENGE ONGENDANGENDA, *Volcanologie. Échos des profondeurs magmatiques de la chaîne des Virunga*, 2020.

Mamadou Bakaye DEMBELE

L'échec d'une construction légale du droit des successions au Mali

Avant-propos de Bréhima Kamena

Préface de Amadou T. Diarra

L'Harmattan

***

5-7, rue de l'École-Polytechnique – 75005 Paris
www.editions-harmattan.fr
ISBN : 978-2-343-21785-7
EAN : 9782343217857

Avant-propos

Pour codifier le droit successoral, le législateur malien a choisi l'approche pluraliste. Celle-ci consiste à appliquer plusieurs systèmes juridiques à une même situation. Si cette approche peut être saluée en termes de méthode, elle devient, selon Docteur Mamadou Bakaye Dembélé, problématique, dès lors que certaines des règles qu'elle consacre sont incompatibles avec les exigences de l'État de droit. C'est la substance et le mérite de cet ouvrage intitulé « L'échec d'une construction légale du droit des successions au Mali » qui propose une interprétation sans complaisance de l'article 751 du code des personnes et de la famille.

Par ailleurs, à travers une interprétation osée, l'auteur montre que le modèle du pluralisme juridique adopté est manifestement diffus et confus et que le législateur malien impose le droit religieux ou coutumier comme statut successoral. L'ouvrage, qui est d'une utilité certaine, enrichit la doctrine d'une réflexion novatrice sur les successions.

Pr Bréhima KAMENA

Agrégé des facultés de droit

Chevalier de l'ordre national du Mali

PRÉFACE

Mon collègue, ancien étudiant le Docteur Mamadou Bakaye DEMBÉLÉ m'honore en me proposant de faire la préface de son Livre intitulé « L'échec d'une construction légale du droit des successions au Mali ». Une réflexion dense qui vient à point nommé tant des questions agitées sont abordées et auxquelles l'auteur tente de donner des réponses.

La publication de son œuvre prolonge les publications de l'Ancien Président de la Cour Suprême du Mali, le Docteur Amadou A. N'DIAYE qui a enseigné la matière pendant trente ans à l'École Nationale d'Administration du Mali, devenue une Faculté de Droit. Plus qu'un prolongement, le Docteur Dembélé renouvelle la Doctrine sur les questions essentielles des successions. L'œuvre du Professeur A. A. N'DIAYE est bien antérieure à la grande réforme houleuse de 2011. Aussi mes écrits sur le sujet, pour avoir enseigné la matière après le Professeur A. A N'DIAYE sont essentiellement basés sur l'avant-projet initié par le Gouvernement du Président Alpha Oumar KONARE et celui du Président Amadou Toumani TOURÉ.

Au-delà de son intitulé, le lecteur se rendra compte qu'il s'agit d'un ouvrage qui saisit la matière des successions dans une longue durée, en même temps l'auteur se veut comparatiste en évoquant les travaux de la *Professeure Amsatou SOW de l'Université Cheick Anta DIOP*.

L'ouvrage se propose de jeter des éclairages sur la formulation des règles éditées par la loi de 2011, les pensées des auteurs qui ont écrit et surtout un argumentaire portant des critiques détaillées sur la jurisprudence malienne.

L'un des mérites majeurs de cette contribution est de mettre en relief la principale contradiction de la loi n°2011-087 du 30 décembre 2011 portant code des personnes et de la famille. À savoir la volonté étatique de se soumettre et de respecter les exigences internationales bâties autour des valeurs de l'égalité et de la non-discrimination, malheureusement contrebalancées par un puissant Lobby religieux musulman ! Un État entre le marteau et l'enclume ? La lecture minutieuse de l'œuvre du Docteur Mamadou Bakaye DEMBELE laisse appréhender ce sentiment.

Les ruptures politiques, et les crises consécutives qui ont suivi au lieu de faire évoluer les problèmes fondamentaux posés par les droits successoraux issus des us et coutumes ont contribué à embrouiller la question. Et l'auteur déplore l'impuissance de l'État à vaincre la coexistence de deux ordres juridiques contradictoires ! La ''perversion'' du mariage à la carte débouchant nécessairement sur le pluralisme juridique successoral qu'un droit commun n'a pu mettre au pas. Une jurisprudence louvoyante ! Par crainte de l'émergence d'un clergé musulman de plus en plus offensif ? L'auteur s'en inquiète en parlant « *d'échec* ». Il exprime ses inquiétudes dans la partie nodale de son travail à savoir « le conflit normatif créé par le code successoral ». Et l'histoire politique du Mali lui donne raison. En effet, la limitation de l'expansion des droits successoraux coutumiers et traditionnels par un droit commun d'encadrement saute avec la mise en œuvre de l'Accord issu du processus de paix d'Alger !

Désormais le Mali comptera officiellement dans son arsenal juridique et judiciaire la justice cadiale avec la vocation de partager et liquider les successions selon les droits musulmans et ses variantes en termes de rites. Les décisions des Cadis seront-elles rendues en premier ou dernier ressort ? Dans les deux cas le mal est infini. Peut-on reprocher à une décision cadiale statuant sur la base du droit musulman du terroir d'avoir violé le droit commun ? Toute la question est là. Certes, des nouveaux horizons qui s'ouvrent pour le Docteur Mamadou Bakaye Dembélé dont on connaît la rigueur scientifique parfois soutenue par un militantisme de terrain.

Bonne continuation cher collègue.

Maître Amadou T. DIARRA
Avocat au Barreau du Mali
Ancien Assistant d'histoire du Droit à l'UCAD
Chargé de cours à l'UCAO-UUBA et à l'USJPB

Sigles et abréviations

Al : Alinéa
AMDH : Association malienne des droits de l'homme
AN/RM : Assemblée Nationale République du Mali
Cass : Cour de cassation
Civ : Chambre civile
CMT : Code de mariage et de la tutelle
CPF : Code des personnes et de la famille
CSM : Cour suprême du Mali
Edit : édition
JORM : Journal officiel république du Mali
N° : Numéro
Obs : Observations
Op. cit. : *Opus citatum*
P : Page
PP : Plusieurs pages
TPI : Tribunal de première instance

Sommaire

Introduction

1. Le 30 décembre 2011, le Mali se dotait enfin d'un code des personnes et de la famille[1] après plusieurs tentatives de codification[2]. Ce code est un regroupement de textes disparates qui régissaient les rapports sociaux au Mali. Si certaines

[1] Loi n° 11-087/AN-RM du 30 décembre 2011 portant code des personnes et de la famille au Mali, J.O.R.M. spécial n° 2 du 31/01/2012, 84 p.

[2] Le code des personnes et de la famille, adopté le 30 décembre 2011 est le fruit d'un long processus de réflexions et de concertations des acteurs politiques et de la société civile. En effet, c'est en 1986 (sous la 2ème République) que l'idée de refonte des textes régissant le droit de la famille a vu le jour avec l'adoption des avant-projets relatifs au droit des successions. De 1996 à 2002, des commissions d'experts, des ateliers et des concertations régionales se succédèrent. Les résultats issus de ces travaux ont servi de base à la synthèse nationale tenue à Bamako les 11, 12 et 13 septembre 2001 par un comité de pilotage présidé par l'AMUPI et composé notamment : -de tous les départements ministériels ; -de toutes les associations de femmes et de jeunes ; -de l'AMDH (Association Malienne des Droits de l'Homme) ; -des partis politiques ; -des chefs de quartiers (chefs traditionnels) ; -des délégués de toutes les régions et du District de Bamako, etc. Le document issu de ces différentes concertations fut soumis à l'appréciation du conseil des ministres. Après examen, celui-ci décida de la mise en place d'un comité interministériel.

En 2002, les travaux continuèrent avec l'accession à la magistrature suprême d'un nouveau Président de la République (Amadou Toumani Touré). Le projet du CPF se buta à des résistances de certaines associations musulmanes. Ainsi, une commission de relecture fut mise en place. Les conclusions de cette commission furent soumises à une 2ème commission de relecture. Le résultat de ces travaux fut soumis à l'approbation des réunions interministérielles. Malgré, le projet assortit n'a pas eu d'écho favorable du Haut conseil islamique. Une ultime rencontre avec les dernières commissions de relecture avait été initiée qui prendra en charge les dernières préoccupations. Ainsi, un projet de CPF supposé prendre en compte toutes les sensibilités fut soumis le 13 mai 2009 à l'Assemblée Nationale pour vote. Ce code fut voté le 3 Août 2009 (loi n°09-38 AN-RM du 3 Août 2009 portant code des personnes et de la famille). Cette loi sérieusement contestée, le Président de la République décida de l'envoyer à l'Assemblée Nationale pour une relecture. Ce qui aboutit à l'adoption de la loi n°11-087 / AN-RM du 30 décembre 2011 portant CPF.

matières, comme le mariage ou la tutelle faisaient l'objet de règlementation, d'autres questions, en revanche, demeuraient régies par les préceptes religieux, la coutume des parties ou encore le Code civil français[3]. Le droit des successions illustre parfaitement ce syncrétisme des sources. « Dans ce domaine précis, le législateur s'est montré particulièrement prudent, attribuant à la coutume et à la religion des rôles clés. Cette approche du législateur, permettait d'une part, d'éviter des tensions sociales et religieuses mais, d'autre part, de laisser entièrement une situation assez sensible »[4]. La nécessité s'imposait incontestablement de corriger ce vide juridique dans le domaine successoral par l'adoption d'un texte juridique unique en la matière. Théoriquement, si cela ne posait pas de difficulté, dans la pratique, des contraintes liées à la diversité culturelle devaient être, au préalable, résolues. Pour le législateur, l'équation à résoudre était la suivante : le relativisme culturel[5]

---

[3] À signaler que le code civil français demeure applicable au Mali pour les matières civiles qui n'ont pas été encore règlementées par le législateur. C'est le cas du droit de propriété. L'article 231 de l'ancien code de procédure civile, commerciale et sociale dispose en ces termes : « En attendant la promulgation du code civil malien, les règles relatives aux successions, donations ; aux rapports des époux, à l'exercice de leurs droits et de ceux des mineurs, demeurent applicables devant les juridictions visées dans le présent code ».

[4] M. GUISSE, Le statut de l'enfant naturel au regard du code des personnes et de la famille au Mali, in Revue Africaine des Sciences Politiques et Sociales, N°6, Mai 2015, pp 327 à 363, page 328.

[5] « Le relativisme culturel peut être défini comme la théorie selon laquelle tout idéal ou tout modèle culturel est circonscrit dans son aire de validité relative : aucun n'est donc en droit universel ni dans l'absolu supérieur à d'autres, et il n'existe pas de critère permettant d'évaluer les croyances, les comportements ou les pratiques des autres cultures. » G. BARTHOUX, L'école à l'épreuve des cultures, édit. PUF 2008, p. 2.

Pendant longtemps, la thèse du relativisme culturel a été défendue par les États africains qui viennent fraichement d'accéder à l'indépendance. Pour eux, les droits de l'homme proclamés en occident ne reflétaient que la valeur occidentale et que l'Afrique a aussi sa vision des droits de l'homme, différente de celle de l'occident. On peut concevoir aujourd'hui le relativisme culturel comme la thèse selon laquelle le sens et la valeur des croyances et des comportements humains n'ont pas de références absolues qui seraient transcendantes et devraient être comprises et analysées que du point de vue de leur culture. https://fr.wikipedia.org/wiki/Relativisme_culturel consulté le 30/07/2019

constitue-t-il un obstacle à l'adoption d'une législation unifiée dans le domaine successoral ?

2. La matière successorale est celle dans laquelle les croyances et pratiques sont les plus affirmées au Mali. D'ailleurs, en Afrique noire francophone, le droit de la famille restait l'une des matières qui a plus résisté au changement apporté par la colonisation. Comment alors surmonter les disparités culturelles vers une législation commune ? Comment concilier traditions et modernités, autrement dit comment adapter les institutions anciennes aux exigences nouvelles ?

3. En tout état de cause, l'élaboration d'une législation dans le domaine successoral applicable à tous les Maliens au-delà de leur diversité culturelle, sociale constituait une entreprise délicate. Le rejet systématique des sensibilités et croyances de chacun étant radical et inadmissible, le législateur adoptait une approche plutôt modérée. Elle mettait en place un ensemble de règles supplétives qui s'applique à des conditions déterminées. L'article 751 du code des personnes et de la famille (CPF) dispose à cet effet : « L'héritage est dévolu selon les règles du droit religieux, coutumier ou selon les dispositions du présent livre. Les dispositions du présent livre s'appliquent à toute personne : - dont la religion ou la coutume n'est pas établie par écrit, par témoignage, par le vécu ou la commune renommée ; - qui, de son vivant, n'a pas manifesté par écrit ou par devant témoins sa volonté de voir son héritage dévolu autrement ; - qui, de son vivant, n'a pas disposé par testament de tout ou partie de ses biens, sauf la mesure compatible avec la réserve héréditaire et les droits du conjoint survivant. Nul ne peut déroger aux règles du mode de dévolution successorale retenu. »

4. Une analyse sommaire de cet article permet de distinguer clairement les successions *ab intestat* des successions *intestat*. La succession est dite *ab intestat*, lorsque la loi règlemente le sort des biens d'une personne après son décès. Ainsi, la loi détermine entre autres les règles relatives à l'ouverture, les modalités de transmission ou encore le partage de l'héritage. En dehors de la loi, une personne de son vivant peut décider par voie testamentaire de ce qu'il adviendra de ses biens après son décès. Cette mode de dévolution dite *intestat* est prévue par le code des personnes et de la famille dans son livre VIII consacré : « Des donations entre vifs et des testaments »[6].

5. La dévolution successorale est l'ensemble des règles utilisées pour permettre la transmission du patrimoine d'une personne qui vient de décéder appelée *de cujus*[7]. De façon globale, le législateur malien retient apparemment cinq (05) régimes successoraux : le droit commun (règles établies par le code article 752 à 944) qui s'applique à défaut de religion, de coutume ou encore de volonté exprimée autrement et de testament. Par une telle institution, le Mali s'engage sur la voie du pluralisme juridique en matière successorale, en accordant la faculté aux citoyens d'opter pour un statut successoral[8] parmi les cinq (05) ci-dessus cités. La succession est un mécanisme juridique qui opère le transfert du patrimoine d'une personne décédée à une autre personne qui lui survit. À ce titre, elle est : un mode de transfert de biens et de dettes par la loi ou par la volonté ; un mode de transfert des biens universel, à titre universel ou à titre particulier ; un mode volontaire d'acquérir des biens ; et un mode de transfert des biens à cause de mort[9].

6. Les différents projets successifs sur les successions n'ont pas adopté la même approche. Certains ont adopté une législation unique, d'autres ont plutôt préféré un pluralisme juridique. Ainsi, le projet de 1990 prévoyait trois régimes successoraux : la dévolution contractuelle qui permet à une personne d'engager à titre onéreux ou gratuit le temps qu'il ne sera plus tout ou partie de son patrimoine ; la dévolution légale qui intervient lorsque le défunt n'a pas fait de testament, et enfin la dévolution testamentaire qui est faite en fonction d'un testament. En

---

[6] Le Titre V du livre VIII du code des personnes et de la famille règlemente les dispositions testamentaires dans ses articles 1023 à 1084. Le titre I de ce livre porte des dispositions générales applicables aux donations et testaments, règlementées des articles 945 à 960.

[7] Le *de cujus* est un mot extrait de la formule latine « *is de cujus successione agitur* », celui de la succession duquel il s'agit. M. GRIMALDI, Droit civil, Successions, Paris, Litec, 6ème édition 2001, p. 20.

[8] L'expression statut successoral est empruntée d'Amsatou SOW SIDIBE. Voir A. S. SIDIBE, Le pluralisme juridique en Afrique (l'exemple du droit sénégalais), Tome L, LGDJ, 1991, p. 197.

[9] P. DELNOY, Les libéralités et les successions, édit. Larcier 4ème édit. Mise à jour par Pierre MOREAU, p. 145 et suivantes.

revanche, les projets de 2006 et 2009 offrent un exemple de pluralisme successoral. L'article 749 du projet de 2006 identique à celui de 748 de la loi de 2009 disposent : « Les dispositions du présent livre règlent la succession de toute personne à l'exception de : - celle qui, de son vivant, a expressément manifesté sa volonté, par écrit ou par devant témoins, de voir son héritage dévolu autrement, notamment selon les règles d'un droit religieux ou coutumier ; - celle qui, de son vivant, a disposé par testament de tout ou partie de ses biens, sauf la mesure compatible avec la réserve héréditaire et les droits du conjoint survivant. »

7. Le pluralisme juridique confère un droit d'option qui ne se confond ni avec l'option de l'héritier[10], ni celle de législation[11]. En effet, en matière successorale, le pluralisme juridique est une méthode qui consiste à mettre en parallèle deux ou plusieurs régimes juridiques différents pour résoudre un même problème, ici celui de la dévolution successorale[12]. L'article 751 du CPF constitue le fondement juridique de cette institution au Mali. Ses dispositions, à priori claires, renferment pourtant des zones d'ombre et suscitent plus d'interrogations qu'il n'y paraît, En voici quelques-unes.

- ✓ Quels sont les différents statuts successoraux prévus par le législateur ?
- ✓ Existe-t-il une hiérarchie entre les différents modes de dévolution successorale retenus ? Les personnes dont la religion ou la coutume est établie dans les formes prévues par le code peuvent-elles opter pour un autre mode de dévolution ?

---

[10] L'article 808 du code des personnes et de la famille prévoit l'option de l'héritier en ces termes : « une succession peut être acceptée purement et simplement, ou sous bénéfice d'inventaire. »

[11] Dans sa thèse de doctorat, Amsatou SOW SIDIBE distingue l'option de statut successoral des notions voisines telles que : l'option de législation, le choix du régime matrimonial, le statut conjugal, l'option de l'héritier et l'option testamentaire. « L'option de législation était la faculté reconnue aux indigènes régis par le statut traditionnel de choisir, pour un acte déterminé, de se soumettre à la législation française. Elle existait dans tous les territoires soumis à la souveraineté française. » A. SOW SIDIBE, Le pluralisme juridique en Afrique (l'exemple du droit sénégalais), op. cit. p. 198 et suivantes.

[12] A. S. SIDIBE, op. cit, p. 15.

✓ À l'inverse les personnes sans religion et sans coutume peuvent-elles choisir la religion ou la coutume d'autrui ?

✓ Le critère d'identification du religieux (musulman, chrétien...) est-il de fond ou de forme ? Autrement dit, qu'en est-il de la situation de l'individu d'apparence musulmane ou chrétienne mais qui accomplit des actes contraires à cette religion ? Que signifie la volonté exprimée autrement ?

✓ L'annulation d'un testament conduit-elle à l'application du régime de droit commun des successions ?

✓ Les modes de dévolution retenus sont-ils compatibles avec les exigences de l'État de droit ?

8. Il est évident que le législateur a adopté en 2011 un code relatif aux successions. Ce code offrant un pluralisme juridique intègre en son sein la diversité culturelle. Il s'agit d'une méthode par laquelle le législateur a légalisé toutes les pratiques identitaires en matière successorale. En œuvrant ainsi dans ce domaine, le législateur malien apporte plus de problèmes qu'il n'en résolve. Si la fabrique du droit par les États africains manque le plus souvent de cohérence avec les réalités locales[13], le pluralisme juridique successoral malien est une promotion de toutes ces réalités locales, toute chose qui ne cadre pas avec les exigences de l'État de droit.

9. Il est important dans cet ouvrage de présenter ce pluralisme juridique, en précisant son contenu et sa particularité. Ensuite, déterminer l'exercice de l'option d'un statut successoral et les conséquences qui s'y attachent. Enfin, vérifier si ce pluralisme

---

[13] S. F. SOBZE, De la création du droit en Afrique « A comment fabrique-t-on le droit en Afrique ?» Quelles innovations pour la sécurité juridique en Afrique ? *in* Revue de la fondation RAPONDA-WALKER, n°6, 2013, pp. 45 et suivantes, se posant la question si le droit est créé ou fabriqué en Afrique affirme ceci : « Si le créateur invente, fonde ou tire du néant, le fabriquant s'inspire d'une matière première ou tout au moins d'un modèle. La création relèverait d'un mythe alors que la fabrication émerge d'une réalité, d'un précèdent. Il n'y aurait pas un laboratoire de création du droit en Afrique mais une usine de reprographie, d'imitation servile. En d'autres termes, l'Afrique tire essentiellement son droit du modèle préexistant. »

juridique est une solution au problème des successions. D'ores et déjà, l'article 751 qui constitue le fondement juridique du pluralisme soulève de véritables polémiques et mérite une attention particulière. La formulation de cet article est certainement génératrice d'incertitudes et d'équivoques. Le choix du pluralisme juridique en matière successorale en lieu et place d'un régime successoral unique est un cas unique dans le paysage juridique du Mali qui mérite en lui-même attention. Si la démarche pluraliste peut être saluée en termes de méthode, elle devient problématique, dès lors que certaines des règles formant le pluralisme sont incompatibles avec les exigences de l'État de droit.

10. En Afrique noire francophone la question du pluralisme juridique dans le domaine successoral n'est pas nouvelle tant dans les législations que les exposés des doctrines consacrés à ce sujet[14]. Les États comme le Sénégal l'avaient consacré depuis 1972[15] aussi bien que le Togo en 1980[16]. En revanche, le

[14] La thèse de doctorat d'Amsatou SOW SIDIBE, précitée est éloquente en la matière ; G. A. KOUASSIGAN : Quelle est ma loi ? Tradition et modernisme dans le droit privé de la famille en Afrique noire francophone, édit. A Pedonne, Paris, 1974, 311 pages ; A. A. N'DIAYE, Droit patrimonial de la famille au Mali, Régimes matrimoniaux et successions, Tome II Successions, édit. Jamana 2008, 279 pages.

[15] Loi n°72-61 du 12 juin 1972 portant code de famille au Sénégal. L'article 571 de ce code qui constitue le fondement juridique du pluralisme sénégalais en matière successoral dispose : « Les dispositions du présent titre s'appliquent aux successions des personnes qui, de leur vivant, ont, expressément ou par leur comportement, indiscutablement manifesté leur volonté de voir leur héritage dévolu selon les règles du droit musulman ».

[16] Ordonnance n°20-16 du 31 janvier 1980 portant code des personnes et de la famille au Togo. Les articles 403 et 404 prévoient deux statuts successoraux : les règles établis dans le code et la coutume des parties. L'article 403 dispose que : « La loi reconnaît en matière de succession la coutume du défunt et les dispositions du présent code. Toutefois la coutume ne sera appliquée autant qu'elle est conforme aux droits humains et aux principes fondamentaux de la constitution. » L'article 404 règlemente l'option. Il prévoit en ses dispositions *in fine* qu'en absence d'option, les dispositions du présent code s'appliquent de plein droit.

Burkina[17] et la Guinée[18] ont préféré un statut successoral unique s'appliquant à l'ensemble des citoyens.

11. Cependant, le pluralisme juridique malien se distingue de celui du Sénégal et du Togo. Le code de la famille sénégalais pour la dévolution successorale prévoit deux corps de règles distincts : le droit commun et le droit musulman. Celui-ci s'applique aux personnes qui ont, expressément ou par leur comportement, indiscutablement manifesté leur volonté de voir leur héritage dévolu selon les règles du droit musulman. Le code togolais de la famille légalise la coutume du côté des règles établies par le code ; lequel s'applique à défaut d'option[19]. En revanche, le pluralisme juridique choisi par le législateur malien légalise toutes les pratiques identitaires dans le domaine successoral au Mali peu importe leur conformité à la constitution. Cette mise en exergue de ces pratiques est condamnable, car l'approche choisie ne s'accommode pas avec la nouvelle orientation de la société malienne[20].

12. Les pratiques coutumières locales en matière successorale demeurent non seulement mal connues dans leur majorité, mais également discriminatoires à l'égard de certaines catégories de personnes. Ces structures anciennes ne se justifient que dans leur contexte d'origine, par-là ne s'appliquant que dans celui-ci. Le Mali depuis l'indépendance a marqué sa préférence pour des règles juridiques d'inspiration française. D'ailleurs, il n'a fait mieux que de reconduire le système juridique hérité de l'ex-

---

[17]Zatu an VII 13 du 16 novembre 1989 portant institution et application d'un code des personnes et de la famille au Burkina Faso. Les successions sont règlementées par les articles 705 et suivants.

[18] Les successions sont règlementées par les articles 460 et suivants du code civil Guinéen.

[19] Article 404 du code togolais de la famille

[20] La République du Mali depuis 1960 s'est engagée résolument dans le dessein de garantir à l'ensemble des citoyens les droits fondamentaux. Le Titre I de la constitution du 25 février 199 illustre ce propos. L'article 1er de cette constitution après avoir mis l'accent sur le caractère sacré et inviolable de la personne humaine, protège l'égalité et interdit toute sorte de discrimination à son article 3. Celui-ci dispose que : « Tous les Maliens naissent et demeurent libres et égaux en droits et en devoirs. Toute discrimination fondée sur l'origine sociale, la couleur, la langue, la race, le sexe, la religion et l'opinion politique est prohibée. »

colonisateur. Mais le domaine comme la succession existait entièrement un vide juridique jusqu'en 2011. Il a alors fallu 25 ans de travaux pour aboutir à l'adoption d'un code successoral[21].

13. À l'évidence, on pouvait imaginer que les vingt-cinq (25) années de travaux préparatoires du CPF devraient attester un travail mené avec toute la délicatesse possible ; des travaux prenant en charge l'objectif d'uniformisation des règles du droit successoral adapté à l'orientation de l'État de droit, facteur de développement social, économique et culturel. Malheureusement, ce véritable travail de fond mené pendant 25 ans s'est achevé dans un climat de pis-aller à cause de la formulation de l'article 751 du CPF et comme résultat un droit successoral optionnel qui manque de cohérence.

14. Cet ouvrage intitulé « L'échec d'une construction légale du droit des successions au Mali » n'a pas la prétention d'aborder l'ensemble des connaissances indispensables en matière du droit des successions. Il se fixe pour objectif de porter : d'une part, un regard critique sur l'option pluraliste du droit successoral en mettant en exergue les caractères diffus et confus du pluralisme juridique ; et d'autre part faire une présentation succincte du droit commun des successions. Le choix porté sur le régime de droit commun s'explique par les avancées majeures en termes de respect des droits de l'homme qu'il comporte. Malheureusement, ce régime de droit commun a une portée limitée à cause de la formulation de l'article 751 précité. L'approche choisie n'est pas dénuée d'intérêts. Il s'agit de décrire les insuffisances du droit successoral malien, attirer l'attention du législateur en vue d'une réforme, mais également celle du juge à réaliser une prouesse dans ce domaine. Le juge pourrait renverser la tendance en invoquant l'anti-constitutionnalité de certains régimes successoraux formant le pluralisme juridique. Le législateur en adoptant le pluralisme juridique en matière successorale, a manqué de cohérence dans la construction. J'ai voulu choisir l'intitulé « l'échec d'une construction légale du droit des successions. » Construire, c'est bâtir à partir des matériaux existants. Le législateur a adopté un droit successoral pluraliste

---

[21] Nous qualifions le Livre VII du code des personnes et de la famille de code des successions du Mali.

en déphasage avec l'État de droit. Pourtant, le législateur pouvait faire la synthèse des pratiques en matière successorale dans son œuvre de codification, sans remettre en cause les exigences de l'État de droit. D'ailleurs, il l'avait fait avec le code de mariage et de la tutelle en 1962 en ces termes : « Les époux ne peuvent stipuler d'une manière générale que leur association sera réglée par l'une des coutumes ou statuts locaux qui régissaient les diverses ethnies maliennes et qui sont abrogées par le présent code »[22].

Finalement, le droit successoral malien se particularise par un double constat : l'un est relatif au syncrétisme incohérent des sources (Partie I) et l'autre, la portée limitée du statut du droit commun (Partie II).

[22] Article 45 al. 6 de la loi n° 62-17 AN/RM du 3 février 1963 portant code de mariage et de la tutelle

Partie I. Le syncrétisme incohérent des sources du droit successoral

15. Loin de livrer sa dernière bataille, le droit des successions reste l'une des rares matières qui résistent et continuent de résister aux différentes mutations tant voulues par le législateur malien. Celui-ci faute de mieux, légalise toutes les pratiques identitaires en la matière. Cette ouverture du jeu par le législateur est à la fois imprudente et dangereuse. Imprudente, désormais le droit successoral est constitué des règles connues et inconnues, des normes justiciables devant les instances judiciaires. Dangereuse, en ce sens que les règles costumières et autres pratiques en matière successorale désormais légalisées ne sont pas toutes compatibles avec les principes fondamentaux de l'État de droit[23]. L'option faite en faveur du pluralisme juridique est

---

[23] Le Mali est un État de droit proclamé explicitement et implicitement par la constitution du 25 février 1992. La lecture de la disposition *in limine* du préambule l'affirme : « Le Peuple souverain du Mali, fort de ses traditions de lutte héroïque, engagé à rester fidèle aux idéaux des victimes de la répression et des martyrs tombés sur le champ d'honneur pour l'avènement d'un État de droit et de démocratie pluraliste ». Aussi, la constitution consacre un titre entier aux droits et devoirs de la personne humaine (Article 1er à 24). Les articles 1 et 2 sont très éloquents qui disposent respectivement « La personne humaine est sacrée et inviolable. Tout individu a droit à la vie, à la liberté, à la sécurité et à l'intégrité de sa personne. » « Tous les Maliens naissent et demeurent libres et égaux en droits et en devoirs. Toute discrimination fondée sur l'origine sociale, la couleur, la langue, la race, le sexe, la religion et l'opinion politique est prohibée. » Ces droits fondamentaux inscrits dans la constitution malienne sont conformes aux standards internationaux. Pour la concrétisation de l'exigence de l'État de droit, l'article 81 de la même constitution proclame la séparation des pouvoirs. Cet article 81 fait du juge le gardien des droits des citoyens en ces termes : « Le pouvoir judiciaire est le gardien des libertés définies par la présente Constitution. Il veille au respect des droits et libertés définis par la présente Constitution. Il est chargé d'appliquer, dans le domaine qui lui est propre, les lois de la République. » Ces arguments dénotent à suffisance que le Mali est un État de droit. Cet État de droit à l'instar de tout autre État de droit rencontre des difficultés, voire des dysfonctionnements. Ceux-ci ne remettent pas en cause l'État de droit mais de nature à l'affaiblir.

liée aux résistances farouches opposées par les musulmans[24]. Pour apaiser le climat social et éviter les déchirures sociales, le législateur opte pour un droit successoral pluraliste, un argument loin de convaincre (Chapitre 1) en dépit des conséquences que cette option pourrait engendrer (Chapitre 2).

[24] O. KONE, La controverse autour du code des personnes et de la famille au Mali : enjeux et stratégies des acteurs, Thèse de Doctorat sous la Direction de Anne E. CALVÈS, Université de Montréal, Faculté des études supérieures et postdoctorales, en ligne :

https://papyrus.bib.umontreal.ca/xmlui/bitstream/handle/1866/13576/Kon%C3%A9_Ousmane_2015_these.pdf?sequence=2&isAllowed=y consulté le 13/07/2019

Chapitre 1. Le pluralisme juridique manifestement diffus et confus

16. L'analyse du code malien des successions[25] à travers l'article 751 fait ressortir quatre statuts successoraux des successions *ab intestat* : le droit religieux, les règles coutumières, la volonté exprimée autrement et le droit commun. Ce même article permet de déroger aux successions *ab intestat* par le testament (succession testamentaire ou *intestat)*. Nous n'aborderons pas la dévolution testamentaire dans cet ouvrage. Cette exclusion se justifie par le fait que c'est le *de cujus* qui de son vivant prend l'initiative de déterminer le sort de ses biens après sa mort. Il s'agit là de l'exercice d'un droit fondamental que le législateur apporte des restrictions[26]. L'existence de plusieurs statuts successoraux nécessite de faire leur typologie (Section 1). Cette existence fonde le droit d'option des successibles (Section 2).

Section 1 : La typologie des statuts successoraux

17. Le législateur opte pour un modèle commun susceptible d'être appliqué à tous. Nous le qualifions de droit commun des successions. Ainsi, les successions *ab intestat* au Mali sont dévolues selon les règles du droit commun[27] qui ne s'appliquent

---

[25] Pour une commodité de langage, nous qualifions souvent ce livre VII du code des personnes et de la famille de code des successions du Mali.

[26] Le droit à la propriété est garanti par l'article 13 de la constitution du 25 février 1992 en ces termes : « Le droit de propriété est garanti. Nul ne peut être exproprié que pour cause d'utilité publique et contre une juste et préalable indemnisation. » L'article 751 al. 2 *in fine* du code des personnes et de la famille exige que le testament ne porte pas atteinte à la réserve héréditaire et le droit du conjoint survivant en ces termes : « …qui, de son vivant, n'a pas disposé par testament de tout ou partie de ses biens, sauf la mesure compatible avec la réserve héréditaire et les droits du conjoint survivant. »

[27] Le régime de droit commun des successions sera présenté à la 2ème partie de cet ouvrage.

qu'à défaut de religion, de coutume ou une volonté manifestée autrement.

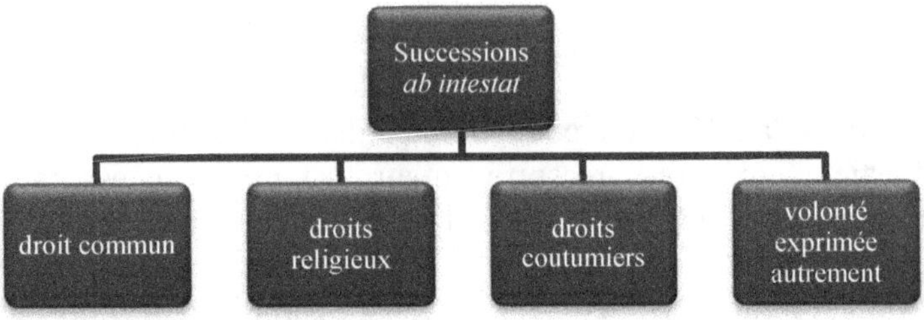

18. L'alinéa 2 de l'article 751 commence par la formulation suivante : « Les dispositions du présent livre s'appliquent à toute personne : - dont la religion ou la coutume n'est pas établie par écrit, par témoignage, par le vécu ou la commune renommée… » Par une telle formulation, le législateur vise toutes les religions pratiquées au Mali, au rang desquelles, il y a lieu d'ajouter les coutumes (Paragraphe 1). À côté de ces modes de dévolution, existe un autre que nous qualifions la volonté exprimée autrement qui devient un statut successoral autonome (Paragraphe 2).

Paragraphe 1 : Les droits religieux et coutumiers

19. Il existe une pluralité de coutumes et de religions au Mali. Malgré cette diversité, le législateur du code des personnes et de la famille n'a pas voulu opérer un choix entre les religions ou les multiples coutumes en vigueur au Mali. Cette attitude du législateur dénote sa volonté de ne point prioriser une religion ou une coutume au détriment d'une autre. Le contraire poserait plus de problèmes que de solutions. Sont appelées à régir les successions : les religions (1°) et les coutumes des parties (2°).

1°) Les droits religieux

20. Le Mali est une république laïque[28]. Il en a été toujours ainsi depuis l'indépendance. Il n'y a pas de religion d'État. Les principales religions pratiquées au Mali sont : l'islam, le christianisme et l'animisme. Les données statistiques sont assez variées. Pour certaines, la population malienne est composée de 2,4% chrétiens, 94,4% musulmans et 2,7% de religions traditionnelles[29]. Pour d'autres les musulmans sont au nombre de 87.9%, les animistes 9.7%, les chrétiens 2.2% et les autres 0.2%[30]. Selon l'Institut National de Statistique : « L'islam est la religion la plus répandue. Environ 95% de la population est musulmane, les autres 5% sont constitués de chrétiens et d'animistes »[31]. Le constat est qu'il n'y a pas de données statistiques uniques sur le pourcentage des différentes religions pratiquées. Ce sont des estimations. Nous illustrons nos propos avec la statistique de l'Institut National de la Statistique qui semble être officielle.

21. La population majoritaire étant de confession musulmane, il est alors judicieux de décrire les grandes lignes et orientations du droit musulman des successions. Une seconde raison que l'on s'attarde sur les successions en droit islamique tient du fait que la Bible n'organise pas elle-même les successions mais renvoie à la loi du pays dans lequel la succession du chrétien est ouverte. La troisième raison c'est que les règles coraniques sont sujettes à plusieurs interprétations, même les plus initiés ont de la peine de se faire comprendre, à fortiori moi qui suis novice et n'ayant pas fait des études coraniques approfondies. Nous nous sommes alors servis de l'interview de certains spécialistes du Coran et l'exploitation documentaire pour nous permettre de dégager une piste de réflexion. Cependant, il ne sera pas question d'une

---

[28] Article 25 de la constitution du 25 février 1992.

[29] La Croix Africa, le site de l'actualité religieuse : https://africa.la-croix.com/statistiques/mali/ consulté le 13/07/2019.

[30] L'Observatoire de la liberté religieuse : https://www.liberte-religieuse.org/mali/ consulté le 13/07/2019

[31]Institut National de Statistique, Consommation, pauvreté, bien être des ménages, Avril 2011-Mars 2012, www.instat-mali.org/contenu/eq/ranuel11_eq.pdf consulté le 14/07/2019

analyse minutieuse des successions en droit islamique, mais plutôt d'une présentation de quelques règles substantielles, susceptibles de rentrer en conflit avec les principes sacro-saints du droit étatique. Il s'agit pour nous de faire une petite présentation des règles successorales en droit islamique. Les conséquences de la légalité des règles susdites seront exposées dans le chapitre suivant.

22. Les successions en droit musulman résultent d'une prescription coranique et de la sainte *Sunna*[32]. « Elles ne sont pas soumises à des principes généraux[33], ayant vocation à s'appliquer faute d'une solution précise prévue par la loi »[34]. Pour mieux comprendre l'idéologie des successions établies par la loi islamique, il y a lieu de considérer le droit musulman comme étant un système autonome qui se suffit à lui-même. L'expression « droit musulman » est utilisée ici en référence à la *Charia*. Pour Slim, l'expression « peut d'abord s'entendre dans le sens d'un certain nombre de règles matérielles, c'est-à-dire de contenus normatifs. Elle peut ensuite être comprise dans le sens d'ordre juridique, c'est-à-dire d'un complexe articulé de normes et d'institutions juridiques, d'un tout formellement et matériellement homogène ayant vocation en tant que tel à régir exclusivement, ou, en tout cas, de manière dominante, les rapports sociaux dans un espace donné ou entre des personnes déterminées »[35]. Le droit musulman comporte cinq qualifications ou jugements des comportements et actions humaines : l'obligatoire, le recommandé, le licite ou permis, le désapprouvé et l'interdit[36]. Comment le droit musulman organise l'ouverture des successions ? Quels sont les héritiers ? Comment s'effectue

---

[32] Coran, Les Femmes, IV.

[33] Pour une étude détaillée des principes généraux, Voir M. de BECHILLON, La notion de principe général en droit privé, in Revue internationale de droit comparé. Vol. 51 n°1, janvier-mars 1999. PP. 182-185.

[34] I. NAJJAR, Les principes généraux du droit successoral comparé, qu'est-ce qu'un principe général du droit successoral ? Colloque des 4 – 5 – 6 octobre 2001 U.S.J., le 4 octobre 2001, p. 2.

[35] S.LAGHMANI, Droit musulman et droit positif : le cas tunisien, article en ligne, consulté le 14/07/2019 https://books.openedition.org/cedej/404?lang=fr

[36] *Idem*

le partage ? À partir de ces trois interrogations, une ébauche comparative sera faite avec le régime de droit commun.

23. L'ouverture des successions en islam est identique au statut successoral de droit commun. Elle est liée au décès. La loi islamique aussi bien que le code des personnes et de la famille distinguent deux situations : le décès réel et les décès apparents (l'absence et la disparition)[37]. Pour ces derniers cas, il faut une décision judiciaire.

24. L'absence est la situation d'une personne qui a cessé de paraître à son domicile et à sa résidence sans que l'on en ait eu de nouvelles depuis plus de trois ans[38]. Le tribunal saisi d'une demande de présomption d'absence peut au vu des résultats de l'enquête, constater la présomption d'absence de l'intéressé, au terme d'un délai de deux ans à compter du dépôt de la requête[39]. Le tribunal, lorsque le présumé absent ne reparaît pas trois années après ce jugement de présomption d'absence, peut être saisi d'une demande aux fins de déclaration d'absence[40]. L'absence peut être déclarée par le tribunal, lorsqu'il se sera écoulé dix années depuis le jugement qui a constaté la présomption d'absence[41]. Le délai prévu pour parvenir au jugement de déclaration d'absence est long et cela se justifie, car il s'agit d'un acte qui peut entrainer une conséquence importante sur le statut de la personne concernée.

25. Le disparu est la personne qui a cessé de paraître à son domicile ou à sa résidence suite à des circonstances de nature à mettre sa vie en danger, alors même que son corps n'a pu être retrouvé[42]. Cette règlementation est importante, car depuis 2012 le Mali est le théâtre d'évènements tragiques de nature à influencer la vie des personnes vivantes sur le territoire.

26. Les jugements définitifs qui ont constaté la disparition et l'absence entraineront les mêmes conséquences que le décès.

---

[37] Khalil cité par A. COLOMER, L'absence en droit musulman algérien (loi du 11 juillet 1957), *in* Revue internationale de droit comparé, 1959, Vol 11 n°2, pp 400-407.

[38] Article 61 du CPF

[39] Article 66 du CPF

[40] Article 67 du CPF

[41] Article 68 du CPF

[42] Article 76 du CPF

Toutefois, il est important de préciser que les situations apparentes au décès, la dévolution successorale n'est pas définitive. Dès lors que l'existence de l'absent ou du disparu est prouvée, la dévolution successorale est rétroactivement annulée[43]. Cependant, le Coran ne règlemente pas la situation de l'absence et de la disparition de la même façon que le code des personnes et de la famille.

27. Les pactes sur succession future sont prohibés par le droit musulman et le statut successoral de droit commun. Le code des personnes et de la famille dispose en ces termes : « On ne peut, même par convention matrimoniale, renoncer à la succession d'une personne vivante, ni aliéner les droits éventuels qu'on peut avoir à cette succession »[44]. Il s'agit d'une règle qui s'applique dans plusieurs États. Par exemple, la Cour de cassation française précise que : « toute stipulation ayant pour effet d'attribuer un droit éventuel sur tout ou partie d'une succession non ouverte, constitue un pacte sur succession future prohibé par la loi, encore que celui de la succession duquel il s'agit y ait consenti ; ; que cette prohibition est formelle et d'ordre public et ne comporte d'autres dérogations que celles qui sont limitativement déterminées par la loi »[45]. Si les conditions de l'ouverture des successions en droit étatique et droit musulman sont identiques, des différences apparaissent au niveau de la détermination des héritiers et leurs droits.

28. En droit islamique, la qualité d'héritier est reconnue aux personnes qui satisferont les critères suivants : la parenté, le mariage, le droit de patronage. Ces personnes ne doivent pas être frappées d'une des causes de déshéritée qui sont : l'incroyance, l'homicide, l'esclavage, l'adultère et le désaveu de paternité. Certaines exigences relatives à la qualité d'héritier en droit islamique constituent des points de différence avec le droit étatique, c'est pour cette raison qu'il y a lieu de s'y attarder. En droit islamique, le droit de patronage est la situation d'une personne (patron) qui affranchit son esclave. Le patron ne l'hérite pas l'inverse. Cette règle n'est pas en vigueur au Mali en raison

---

[43] Article 73 du CPF

[44] Article 824 du CPF

[45] Cass. civ. 1ère, 2 août 1950, RTD civ. 1951, P. 271, obs. R. Savatier.

de l'interdiction de l'esclave[46]. Aussi parmi les causes de déshérence, l'incroyance, l'esclavage et l'adultère ne font pas partie du droit étatique des successions. En ce qui concerne l'adultère, elle est admise comme cause d'indignité successorale de droit. Le dernier alinéa de l'article 763 prévoit que : « Celui qui a eu, ou tenté d'avoir une relation sexuelle avec une épouse de son père. »

29. Le Mali étant un pays laïc ne saurait admettre l'incroyance comme cause d'exclusion de la succession. Néanmoins, la règle étant admise par le droit musulman auquel un renvoi législatif est fait, est tout simplement contraire à la laïcité[47] de l'État et à l'égalité des citoyens devant la loi. Comme cause d'indignité successorale, le code des personnes et de la famille admet l'hypothèse d'homicide. S'agissant du désaveu de paternité, lorsqu'il est établi, cet enfant ne pourra pas avoir une vocation successorale. Si le législateur distingue en matière successorale les droits religieux des coutumes, la jurisprudence les confond.

2°) La coutume des parties

30. Les différentes coutumes en vigueur au Mali règlementant les successions sont nombreuses à cause de la diversité des ethnies qui composent la société malienne. Autant elles sont nombreuses, autant elles sont complexes et difficiles à saisir. Les successions régies par le droit coutumier sont faites dans le dessein de sauvegarde des valeurs spirituelles, morales et

---

[46] Le Mali a ratifié une quarantaine de conventions internationales relatives à la protection des droits de l'homme dont celle visant à l'abolition de l'esclavage, de la traite des esclaves et des institutions et pratiques analogues à l'esclavage-(adhésion du Mali- du 2/2/1973) ; celle des nations unies sur les traitements cruels, inhumains et dégradants - (décret n°45-370/P-RM du 25/10/1995) ainsi que la convention contre la torture et autres peines et traitements cruels, inhumains ou dégradants(adhésion du Mali : décret n°95-370/P-RM du 16/10/95).

[47] « La laïcité est l'expression juridique d'une conception politique de l'État, qui implique la séparation de la société civile et la société religieuse ». V° CABRILLAC (R.), FRISON – ROCHE (M-A) et REVET (T.) (Dir), Libertés et droits fondamentaux, Notions et sources : l'être, le citoyen, le justiciable, l'auteur économique et social, Paris, Dalloz, 12ème édit. 2006, p. 535.

sociales. Néanmoins, toutes les coutumes ne sont pas applicables. Il faut qu'elles soient établies par écrit, par témoignage ou par commune renommée. Dès lors que cette preuve peut être rapportée, la coutume devient un statut successoral indépendant et autonome. Par une telle disposition, le code des personnes et de famille pose une condition de preuve de la coutume pour qu'elle soit admise comme régime successoral. En réalité ces preuves sont celles qui sont juridiquement admises en droit positif malien[48].

31. Cependant, le législateur en faisant de la coutume établie par écrit un statut successoral, constitue une disposition légale très légère. L'écrit, s'agit-il de n'importe quel acte écrit ? La loi prévoit deux actes écrits : l'acte authentique et l'acte sous-seing privé comme mode de preuve. La question est alors de savoir si un mémoire écrit par un étudiant analysant les règles coutumières de la succession d'une ethnie, est recevable comme moyen d'établissement de la coutume comme statut successoral. Cette observation peut être étendue à d'autres écrits comme ceux des rapports de stage, d'ONG, etc. Le législateur malien n'ayant pas précisé la nature de l'écrit et procédé au décryptage des coutumes, ouvre la voie à toute sorte de spéculation. La polémique s'accentue par le fait que la cour suprême du Mali aussi, depuis l'adoption du code des personnes et de la famille en 2011 n'a pas eu à statuer sur ce cas d'établissement de la coutume par écrit.

32. Une autre préoccupation consisterait à se demander s'il y a lieu que cet écrit fasse référence seulement à l'existence de ladite coutume ou décrire le contenu de cette coutume. Nous pensons que pour éviter des dérives, l'écrit qui fait de la coutume un statut successoral doit être un acte authentique ou sous-seing qui décrit non seulement le contenu de la coutume, mais aussi qui ne viole en rien l'ordre public. L'écrit n'est pas la seule forme d'établissement de la coutume, il y a aussi le témoignage.

---

[48] Article 265 de la loi n°87-31 AN-RM du 29 Août 1987 fixant le Régime Général des Obligations (RGO) au Mali dispose que : « Les seuls modes de preuve retenus sont : l'écrit, le témoignage, la présomption, l'aveu et le serment. »

33. Le témoignage est la relation, sous la foi du serment, par une personne qui n'est pas partie au procès, d'un fait qu'elle a connu par ses propres soins[49]. À l'instar de l'écrit, le témoignage apporte les mêmes préoccupations. Est-il suffisant qu'une personne témoigne que ce *de cujus* est de telle coutume ou faudrait-il en plus que ce témoigne détermine le contenu de cette coutume. L'interrogation est légitime du fait que les coutumes sont oralement transmises de génération en génération, elles ne sont pas alors exemptées de contestations. La commune renommée pose les mêmes soucis que les deux précédents (écrit et témoignage).

34. La commune renommée est une preuve fondée non pas sur des faits mais sur des témoignages relevant de l'opinion commune. Il s'agit des déclarations des personnes qui n'ont été point témoins du fait, mais en ont entendu parler. Ce mode d'établissement de la coutume comme statut successoral est surprenant de la part du législateur. En droit, la commune renommée est admise à titre exceptionnel comme mode de preuve. Celle-ci est admise comme équivalent des autres modes d'établissement de la coutume comme statut successoral. Il est difficile de déchiffrer la raison profonde ayant animé le législateur a opté pour une gamme assez variée d'établissement de la coutume et de la religion. S'il est facile de prouver la religion par écrit, il n'existe pas à notre connaissance des coutumes établies par écrit au Mali. Aussi, il est impossible de faire l'inventaire de toutes les coutumes au Mali. Néanmoins quelques illustrations pourront être faites à partir des coutumes bambara, malinké, sénoufo, bobo, dogon et bozo.

35. Dans la société bambara, au décès du chef de famille, tous les biens forment une sorte d'indivision et transmis en principe au fils aîné. Cependant, la coutume bambara n'exclut pas la possibilité pour chaque individu d'acquérir des biens propres. La dévolution se fait dans l'ordre suivant :

- l'aîné des fils ;
- à défaut de fils, les collatéraux mâles ;

---

[49] Article 282 de la loi n°87-31 AN-RM du 29 Août 1987 fixant le Régime Général des Obligations (RGO) au Mali

- à défaut de collatéraux, les ascendants ;
- à défaut des ascendants, le conjoint survivant ;
- à défaut de conjoint survivant, il y a déshérence.

36. Les femmes faisant partie du patrimoine, reviennent de droit aux héritiers qui peuvent les épouser ou les garder lorsqu'elles sont vieilles. La femme bambara, être humain à part entière, peut acquérir des biens grâce aux cadeaux et aux petites activités génératrices de revenus. Ceux-ci peuvent être plus ou moins conséquents. Au décès de la femme, ses biens seront administrés par le mari pour le compte des enfants. Les fils pourront s'en servir pour payer la dot de leurs futures épouses. Les filles, par contre, n'héritent que des ustensiles de cuisine et des vêtements de leur mère défunte. L'ordre des héritiers dans la dévolution successorale d'une femme est la suivante :

- les filles pour les biens matériels ;
- les femmes de ses fils ;
- le veuf et ses enfants masculins pour les animaux et objets de valeur.

37. La première fille prime sur toutes les autres. Elle partage les biens entre ses sœurs et belles-sœurs (femmes de ses frères). Certaines marmites et canaris sont remis aux belles-sœurs. Il s'agit d'une libéralité qui leur est consentie par les filles. Si les frères ne sont pas mariés, la première fille doit prendre soin des biens réservés aux futures épouses de ses frères jusqu'à leur mariage. Mais au cas où les frères sont encore mineurs ou si la défunte n'a pas d'enfant masculin, la première fille garde ces biens.

38. En faisant un rapprochement de la coutume bambara avec celles des malinkés, sénoufos, bobos, Sénoufos quelques points communs apparaissent. La plupart de ces ethnies ci-dessus citées instituent une inégalité de part successorale selon que le successible soit un garçon ou une fille[50]. Certaines coutumes

---

[50] Pour plus de détails sur l'égalité en droit de la famille, voir pour le cas camerounais, T. ATANGANA-MALONGUE, Le principe d'égalité en droit

considèrent même la femme comme objet de succession. C'est le cas des coutumes bambara, malinké, senoufo, Miniaka et bobo[51]. La femme se voit refuser l'acquisition des biens successoraux. Même si elle laisse des biens conséquents, ses filles n'acquièrent pas en principe les objets de valeur. La fille du *de cujus* n'hérite pas de son père en présence des descendants de sexe masculin.

39. Dans le contexte des coutumes locales, les successions sont organisées pour satisfaire les intérêts de la collectivité et non l'intérêt personnel. C'est ce qui explique du moins que les biens formant une indivision soient transmis à l'ainé des fils du *de cujus* chez les bambaras. L'ainé est alors un administrateur des biens au nom de la collectivité (famille). La coutume successorale bambara est discriminatoire à l'égard de la femme. Cette situation s'explique mais ne se justifie guère à l'heure actuelle. Deux principales raisons expliquent cette discrimination à l'égard de la femme. La première est relative au statut de la femme qui doit partir de la famille de son père pour celle de son mari. Lui accorder les mêmes droits dans les successions de son père que les garçons, risque de déséquilibrer la balance. Cette justification n'est pas décisive car sa situation serait quasiment la même dans sa famille paternelle et chez son mari. La deuxième raison est tirée du fait que la dot provenait du patrimoine familial, fruit du travail de toute la communauté. Celle-ci accepte difficilement que la veuve sorte de la famille, car elle est un élément du patrimoine familial. Ceci justifie le lévirat en milieu bambara. La pratique du lévirat faisait économie pour dépenser une autre fortune pour une autre femme. Il visait également à assurer la pérennisation de la prise en charge sociale et psychologique des enfants du défunt.

40. La discrimination faite à la femme ne saurait se justifier dans une société où l'égalité de tous les êtres humains est proclamée avec force et constitue un principe intangible. Au-delà de l'égalité protégée, l'affirmation de la propriété individuelle comme modèle laisse peu de place à la propriété collective. Cette dernière continue d'ailleurs à asphyxier la première. Ce modèle

---

camerounais de la famille, in Revue internationale de droit comparé, n°3 2006, pp. 833-858.

[51] A. A N'DIAYE, op. cit. p. 56 et suivantes.

d'organisation et de répartition des richesses dans la société milite en faveur de l'abrogation d'une telle coutume, qui constitue pourtant un statut successoral autonome selon l'article 751 du code des personnes et de la famille.

41. La jurisprudence malienne est marquée par une totale incertitude relative à la différenciation entre religion et coutume des parties. Parfois, c'est une distinction opérée, des fois c'est de l'amalgame. En 1986, la Cour suprême dans une affaire successorale précise :

> *« Considérant qu'il n'est pas non plus contesté et cela ressort en particulier du témoignage de A.A. T que selon la coutume de B. N la femme n'hérite pas de la terre ; qu'en absence d'héritier mâle, celle-ci revient au chef coutumier. Considérant que quelque impie que cela paraisse, les tribunaux sont liés en matière successorale par la coutume du défunt. Attendu que l'arrêt attaqué lui-même qualifie la coutume qu'il a appliquée d'impie ;*
>
> *Attendu qu'il n'a jamais été question en droit successoral musulman que le chef coutumier doit partager la succession avec l'héritière... Attendu en ce qui concerne le de cujus qui ne laisse que des héritières les règles de droit sont bien connues et elles précisent que les filles en l'absence de fils sont réservatrices pour les 2/3 et que le reste de la succession est dévolu à la famille paternelle du de cujus.*
>
> *Attendu que les parties au procès sont des ressortissants de la région de Goundam, qu'elles se prévalent de la religion musulmane « rite malékite » ; Attendu que la coutume appliquée n'est précisée et l'arrêt semble se fonder sur le seul témoignage de A. A. W. Attendu que les parties au procès de par leur statut de musulman ne sauraient être soumises à une coutume impie »*[52].

[52] CSM, 14 juillet 1986

42. L'arrêt de la cour d'appel qui a été déféré à la Cour suprême argumente que la « coutume est la synthèse d'un droit coranique et de coutume locale. » Cette définition de la cour d'appel s'écarte de toute logique. Heureusement, cette décision a été censurée par le juge suprême et l'affaire fut renvoyée devant la même Cour d'appel mais autrement composée. Si cette Cour d'appel estime que la coutume est la synthèse des règles coraniques et la coutume locale, d'autres jurisprudences plus récentes font l'amalgame entre coutumes et règles religieuses. Dans une action en partage de succession, le juge affirme ceci :

> *« Il y a lieu d'ordonner conformément à la coutume musulmane, la coutume des parties, le partage desdits biens… »*[53].

Un autre jugement reprend les mêmes termes :

> *« Ordonne la liquidation et le partage de ladite masse successorale entre les héritiers conformément à la coutume des parties notamment celle musulmane »*[54].

43. D'ailleurs tous les jugements consultés statuent dans les styles identiques. Dans cette mouvance, la Cour suprême ne fait pas mieux, car elle n'évite pas la confusion. En 2002, la Cour suprême est allée plus loin en affirmant dans cet arrêt CSM, civ., 18 novembre 2002, arrêt n°226, Kola Amadou c/ Bouréima GALO BAH :

> « La notion de coutume des parties s'entend plutôt de savoir si les parties sont de tradition musulmane, chrétienne etc. et non les coutumes particulières d'une région, d'une race, fraction, tribu ou famille »[55].

---

[53] TPI CI, 27 juin 2008, jugement n°398, N. B. c/ S. B. et autres.

[54] TPI CI, 27 janvier 2015, jugement n°023, Y. D. c/ S. C. Dans le même sens TPI. CIV, 15 juin 2011, jugement n°194, S.S c/ S.S et autres.

[55] CSM, Civ 1ère, 6 avril 1998, arrêt n°69 Ibrahim Alabass c/ Farimata Mahamadou.

44. En affirmant que la notion de coutume des parties s'entend de la tradition musulmane[56], chrétienne et non les coutumes particulières d'une région, d'une race, fraction, tribu ou famille, la Cour suprême du Mali s'est fourvoyée. Cette décision de la Cour suprême est très surprenante. Elle constitue une méconnaissance, sinon une méprise certaine des différentes coutumes régissant les différentes ethnies du Mali. Ce qui est encore choquant, la cour suprême n'a jamais voulu donner la liste complète des « coutumes » qu'elle définit. Elle se contente de citer la tradition musulmane, chrétienne et termine par un etc. Cette jurisprudence qui reste applicable apporte la preuve évidente que le droit des successions au Mali est soumis à des règles connues et inconnues. Le juge suprême élargit tout simplement les frontières de la polémique.

45. En effet, la Cour suprême en précisant que « la notion de coutume s'entend de savoir si les parties sont de tradition musulmane ou chrétienne et non les coutumes particulières d'une région, d'une race, fraction, tribu ou famille » ignore que la coutume locale est issue d'une religion, l'animisme. En citant la religion musulmane et chrétienne et terminant par trois points de suspension, la Cour suprême se met dans une posture polémique sur la notion de religion. Elle aurait dû dresser une liste limitative des religions au Mali. Cette tâche permettra de déterminer avec certitude les différentes religions qui s'appliquent en matière de dévolution successorale. Pour la Cour suprême, la notion de religion semble renvoyer à celle révélée par les prophètes. C'est pour cette raison qu'elle qualifie la coutume locale de « coutume impie ». Cette interprétation est restrictive de la notion de religion. Si la religion est un système de croyances et de pratiques en usage dans un groupe ou une communauté, l'animisme en est une. Pour éviter toute polémique, la Cour suprême doit dresser une liste des religions pratiquées au Mali. Mais également dire clairement que les dispositions du droit religieux incompatibles avec la constitution ne s'appliquent pas en matière successorale. Lorsqu'elle parvient à cette solution, celle-ci contribuera à rendre le droit successoral malien plus protecteur des droits

[56] Le droit musulman n'est pas un droit autochtone, mais un droit importé.

fondamentaux constitutionnellement garantis. Cette prouesse œuvre jurisprudentielle est à l'étape du souhait.

46. Les juridictions maliennes utilisent et continuent d'utiliser l'expression « coutume musulmane ». Cette confusion est une méconnaissance certaine des sources du droit musulman aussi bien que la notion de coutume. En effet, il n'existe pas en droit islamique une coutume musulmane. Cette religion est régie par un droit, la « *charia* » qui a pour source le Coran et la sainte Sunna. Il s'agit d'un droit écrit, tandis que la coutume résulte des pratiques répétées qui à un moment donné est considéré comme obligatoire par la société. La coutume des parties qu'elle soit discriminatoire ou anticonstitutionnelle ne mérite pas une telle dénaturation de la plus haute instance judiciaire qui est la Cour suprême du Mali. De façon incontestable, la coutume des parties au Mali renvoie aux us locaux et varie en fonction des ethnies. L'absence de religion ou de coutume ouvre droit au *de cujus* de son vivant de manifester sa volonté pour un autre mode de dévolution.

Paragraphe 2 : La volonté manifestée autrement

47. Les dispositions du code des personnes et de la famille s'appliquent à toute personne : « ...qui, de son vivant, n'a pas manifesté par écrit ou par devant témoins sa volonté de voir son héritage dévolu autrement. » Cette disposition de l'article 751 nous la qualifions « *la volonté exprimée autrement* ». C'est une interprétation que nous faisons. Il s'agit là encore d'une autre disposition, sujette à plusieurs interprétations. Une personne qui exprime sa volonté de voir son héritage dévolu autrement constitue-t-elle la dévolution testamentaire ou un statut successoral autonome ? Si ce statut successoral est identique au testament ne serait-il pas une redondance ? Mais l'est-il réellement identique ? Est-il possible d'exprimer sa volonté autrement lorsque sa religion ou sa coutume peut être établie dans les formes prévues par l'article 751 du code des personnes et de la famille[57] ? La réponse à ces trois interrogations permettra de donner un sens à la volonté manifestée autrement.

1°) La volonté exprimée autrement et le testament

48. Le testament est un acte par lequel le testateur dispose, pour le temps où il n'existera plus, de tout ou partie de ses biens et qu'il peut révoquer[58]. Le code des personnes et de la famille distingue clairement les successions *ab intestat* des successions *intestat*. Le premier se fait en absence de testament et le second concerne la dévolution testamentaire. Le testament est un acte unilatéral de volonté qui demeure valable sous réserve de satisfaire aux exigences légales. Déjà, l'article 751 du code des personnes et de la famille comporte les premières exigences de validité du testament. Ainsi, la disposition testamentaire ne doit pas empiéter sur la réserve héréditaire et les droits du conjoint survivant[59].

49. Le testament n'est pas un élément du pluralisme juridique. Le CPF institue un mécanisme de règles supplétives qui permettent à un individu de déroger par sa volonté à la succession *ab intestat.* Sous cet angle, le testament est aussi une volonté exprimée autrement. Néanmoins, nous estimons que le testament, une volonté exprimée autrement ne doit pas être confondu avec la volonté exprimée autrement comme élément du pluralisme juridique dans le domaine successoral. Il ne s'agit donc pas d'une redondance de la part du législateur. C'est à dessein qu'il a prévu la volonté exprimée autrement.

50. Dans l'esprit du législateur, les deux statuts successoraux ne sont ni identiques ni complémentaires, ils sont indépendants l'un de l'autre. Ce constat résulte du fait que la volonté manifestée autrement figure expressément au côté de la succession *intestat.* Néanmoins, la confusion entre les deux modes de dévolution est bien possible. En effet, le testament est une volonté exprimée autrement de voir son héritage dévolu en

---

[57] Cette question sera répondue à la section suivante consacrée à l'exercice d'un droit d'option du statut successoral.

[58] Article 947 du code des personnes et de la famille.

[59] Le testament est règlementé à partir des articles 945 et suivants du code des personnes et de la famille.

dehors des règles du droit commun, comme cela a été dit ci-dessus. Le testament a pour but d'écarter le droit commun des successions, tout comme le régime successoral de la volonté exprimée autrement semble-t-il. Cette dernière peut être exprimée devant témoins, une forme exclue pour le testament. Il s'agit là d'une différence fondamentale entre testament et volonté exprimée autrement. Mais si la volonté est exprimée en la forme écrite respectant les exigences du testament, ne serait autre que le testament. La violation de ces conditions entraîne la nullité du testament ou sa réduction en concurrence de la mesure compatible avec la réserve héréditaire et les droits du conjoint survivant.

2°) La volonté exprimée autrement comme statut successoral autonome

51. La volonté manifestée autrement serait la possibilité reconnue à chaque Malien de pouvoir opter un mode de dévolution autre que ceux prévus par le code lorsque la personne n'a ni religion ni coutume. Dans le cas d'espèce, elle pourra solliciter l'application du code, ce qui n'est pas interdit. Mais ce choix équivaut à l'absence de choix. Car les deux options aboutissent au même résultat. En effet, le code s'applique en l'absence de religion ou de coutume du *de cujus*. L'existence de la religion ou de la coutume d'une personne écarte toute possibilité de choix. Dans de telle hypothèse, quel régime successoral le *de cujus* de son vivant pourrait-il alors choisir en dehors du code ? Celui-ci pourrait solliciter l'application d'une loi étrangère à sa succession, le Code civil français par exemple ou toute autre législation. C'est la formulation de l'article 751 du code des personnes et de la famille qui ouvre la voie à une telle interprétation[60].

52. Si la volonté exprimée autrement doit être faite devant témoins, quel est le nombre exigé ? Le code des personnes et de la famille n'apporte pas de précision. Il se contente de mettre le mot témoin au pluriel « qui de son vivant n'a pas

---

[60] Voir la section suivante pour plus d'information sur les conditions d'exercice du droit d'option d'un statut successoral.

manifesté par écrit ou par devant témoins sa volonté de voir son héritage dévolu autrement. » L'utilisation du pluriel du mot témoin signifie qu'au moins il faut deux témoins pour que la volonté manifestée autrement soit valable, lorsque le *de cujus* de son vivant utilise cette forme d'expression de dévolution successorale. Admettre tous ces modes de dévolution successorale relève du superfétatoire de la part du législateur. Toutes les religions, toutes les coutumes en vigueur au Mali sont légalisées comme régime successoral, au côté d'un droit commun en plus de tout cela, une volonté exprimée autrement. On constate alors une véritable cacophonie juridique qui peut même être constatée au niveau de l'exercice du statut successoral.

Section 2 : L'exercice du droit d'option d'un statut successoral

53. Si le législateur prévoit quatre régimes successoraux distincts des successions *ab intestat* (droit commun, droit religieux, droit coutumier et une volonté exprimée autrement), certaines législations africaines n'ont retenu que deux (droit commun et droit musulman)[61]. D'autres ont préféré un texte unique applicable à l'ensemble de la population[62]. Cependant, le caractère diffus et confus du pluralisme juridique a pour conséquence d'ouvrir une polémique autour de l'exercice du droit d'option d'un statut successoral. Cette option est-elle une liberté ou une imposition ? L'option d'un statut successoral peut être définie comme étant une faculté de choisir l'un des modes de dévolution retenus par le code des personnes et de la famille. Cette définition prend en contresens semble-t-il, l'article 751 du code des personnes et de la famille. L'option, ainsi qu'elle sera analysée, est loin d'être une liberté. L'analyse des conditions d'exercice de l'option du statut successoral fera ressortir cette

---

[61] Voir l'article 571 du code de la famille du Sénégal qui dispose que : « Les dispositions du présent titre s'appliquent aux successions des personnes qui, de leur vivant, ont, expressément ou par leur comportement, indiscutablement manifesté leur volonté de voir leur héritage dévolu selon les règles du droit musulman.»

[62] C'est le cas de la législation du Burkina Faso où il n'existe pas de pluralisme juridique en matière successorale.

réalité. Lorsque les conditions de l'exercice du droit d'option du régime successoral sont respectées (Paragraphe 1), elles produiront des effets (Paragraphe 2).

Paragraphe 1 : Les conditions d'exercice du droit d'option

54. Le droit d'option de statut successoral constitue un prolongement des attributs du droit de propriété, mais aussi celui de la liberté de conscience. Il s'agit de la manifestation d'une des prérogatives reconnues au propriétaire, le droit de disposition (*abusus*). La succession n'est qu'une technique de survie du droit d'*abusus* au moment où le propriétaire ne vit plus, lui permettant de déterminer le sort de ses biens. Vu sous cet angle, l'exercice du droit d'option est un droit fondamental, reconnu à toute personne. En tant que droit fondamental, son exercice est assujetti à des conditions. Il peut à ce titre faire l'objet de restrictions qui ne doivent pas vider ce droit fondamental de son sens. Malheureusement, il semble que l'option successorale en tant que droit fondamental (1°) son exercice est limité par un obstacle majeur qui est de nature à vider ce droit de son caractère fondamental (2°).

1°) L'option successorale, un droit fondamental

55. Le caractère fondamental d'un droit[63] résulte de sa consécration par la constitution. La détermination des conditions

---

[63] Les droits fondamentaux sont constitués de l'ensemble de règles qui assure à l'être humain le respect de sa dignité. Il s'agit de « l'ensemble des facultés et prérogatives considérées comme appartenant naturellement à tout être humain dont le droit public, notamment constitutionnel s'attache à imposer à l'État le respect et la protection en conformité avec certains textes de portée universelle. » G. CORNU, Vocabulaire juridique, Paris, PUF, 1988, p. 304. « Les droits fondamentaux très variés, regroupent aussi bien les pouvoirs d'autodétermination de la personne humaine, qui expriment sa liberté – autonomie (libertés publiques) et sa liberté – participation (libertés politiques), que les principaux droits – créances, exercés par l'individu sur la société ainsi que le principe d'égalité. » G. LEBRETON, Libertés publiques et droits de l'homme, Paris, Sirey, 8ème édit., 2008, p.14. Si toutes les libertés publiques sont des droits fondamentaux, l'inverse n'est pas possible. Ce même auteur précise

d'exercice du droit d'option est tributaire de celle de sa nature juridique. Certains doctrinaires voient l'option successorale comme un engagement unilatéral de volonté[64]. Il s'agit là d'une position satisfaisante dont il faudrait en tenir compte. En effet, il y a engagement unilatéral de volonté, affirme l'article 110 du Régime Général des Obligations (RGO) du Mali, lorsqu'une personne se trouve engagée vis-à-vis d'un tiers par la seule manifestation de sa volonté, indépendamment de l'acceptation de ce dernier[65]. La validité de l'engagement unilatéral de volonté est soumise aux exigences de validité des contrats. « La manifestation de volonté qui fait naître l'obligation doit être expresse, exprimée sans ambiguïté et satisfaire aux conditions de fond et de forme exigées pour la validité des contrats »[66]. En effet, le RGO prévoit quatre conditions de fond pour la validité du contrat : « le consentement, la capacité, l'objet et la cause »[67]. Il prévoit en outre qu'aucune forme n'est requise pour la formation du contrat, sous réserve des dispositions exigeant un écrit ou d'autres formalités pour la validité d'un contrat déterminé[68]. Par déduction, l'engagement unilatéral n'est pas en principe soumis à une formalité pour être valable, sauf disposition contraire de la loi.

56. La volonté doit être exprimée en toute connaissance de cause et librement. L'objet[69] et la cause[70] ne doivent pas être immoraux ou illicites. L'interprétation des textes ci-dessus permet de conclure la validité de l'engagement unilatéral pris par un incapable dès lors qu'il est assisté. Dans le domaine successoral la portée d'un tel engagement peut être grave.

---

que « les libertés publiques sont des pouvoirs d'autodétermination qui visent à assurer l'autonomie de la personne humaine, et sont reconnus par des normes à valeur au moins législative, et bénéficient d'un régime juridique de protection renforcée à l'égard des pouvoirs publics. »

[64] A. S. SIDIBE, op. cit, p. 197.

[65] Article 110 de la loi n°87-31 / AN-RM du 29 août 1987 fixant le Régime Général des Obligations au Mali.

[66] Article 111 du RGO

[67] Article 28 du RGO

[68] Article 58 du RGO

[69] Article 53 à 55 du RGO

[70] Articles 56 et 57 du RGO

57. L'option successorale est un droit fondamental parce qu'il s'agit de l'exercice d'une des prérogatives liées au droit de propriété constitutionnellement garanti[71]. Le droit de disposer semble survivre *post-mortem.* La faculté est laissée au *de cujus* de son vivant de décider le sort de ses biens après sa mort. Il s'agit là du prolongement du droit d'*abusus.* Le droit de disposition entraîne comme conséquence le choix des héritiers. Par la même occasion, le droit de réintégrer un indigne à la succession. Bref, le *de cujus* de son vivant peut décider qui sera bénéficiaire de ses biens. Le code des personnes et de la famille prévoit deux catégories d'indignité : l'indignité de droit[72] et l'indignité facultative[73]. Cependant, une observation importante doit être faite. Le droit d'option traité ci-dessus est analysé comme étant la règle générale qui doit se passer ainsi. Au Mali, c'est tout autre. Le droit d'option, droit fondamental est si limité dans son exercice qu'il se vide de son sens, car ce droit est enveloppé dans un carcan.

2°) L'option successorale, un droit fondamental enveloppé dans un carcan

58. La limitation du droit d'option même étant légale pourrait s'analyser comme un obstacle car, elle entrave le libre choix. Ces limitations[74] doivent être distinguées des obstacles. Si les premières limitent l'exercice du droit d'option évitant un libertinage, les seconds, rendant difficile cet exercice, compromettent la réalisation du droit d'option. Le cas malien doit être compris sous cet angle.

---

[71] L'article 13 de la constitution du Mali dispose que : « Le droit de propriété est garanti. Nul ne peut être exproprié que pour cause d'utilité publique et contre une juste et préalable indemnisation. » L'article 544 du code civil qui est d'application au Mali accorde à tout propriétaire un droit de jouissance et un droit de disposer en ces termes : « La propriété est le droit de jouir et de disposer des choses de la manière la plus absolue pourvu qu'on n'en fasse pas un usage prohibé par les lois et les règlements. »

[72] Article 763 du code des personnes et de la famille

[73] Article 764 du code des personnes et de la famille

[74] Les limitations d'un droit fondamental est possible à condition qu'elles ne portent pas atteinte à la substance même du droit. Ce qui suppose aussi la règlementation claire des conditions d'exercice du droit en question.

59. En effet, l'analyse attentive de l'article 751 du code des personnes et de la famille, il semble que le législateur a voulu hiérarchiser les différents modes de dévolution *ab intestat*, en écartant toute possibilité de choix dès lors que la religion ou la coutume du *de cujus* peut être prouvée. Les successions *ab intestat*, à titre de rappel, comportent quatre statuts successoraux que sont : le droit commun, la religion, la coutume et la volonté exprimée autrement. L'article 751, précité, après avoir rappelé les trois modes de dévolution (droit religieux, droit coutumier et droit commun), assujettit l'application des règles du code à l'absence de religion, de coutume ou encore de volonté contraire et de testament du *de cujus*. L'analyse minutieuse permet de dégager une sorte d'hiérarchie entre les modes de dévolution retenus. Ce qui aboutit au classement suivant :

- ✓ le droit religieux, celui-ci s'applique à condition qu'il soit établi par écrit par témoignage ou par commune renommée ;
- ✓ à défaut de la religion, le droit coutumier s'applique dans les mêmes conditions que le premier ;
- ✓ à défaut de la religion et de la coutume, le *de cujus* de son vivant pourra manifester sa volonté de voir son héritage dévolu autrement. Cette volonté contraire est un statut successoral à part entière. Elle peut être manifestée en faveur de l'application du droit commun ou toute autre chose. Toutefois, cette forme de dévolution successorale demeure ambigüe de tous les autres statuts successoraux prévus par le législateur.

60. Néanmoins l'utilisation de la conjonction de coordination « ou » « la religion ou la coutume » nous permet de dire que les deux statuts successoraux sont équivalents. Mais la première classification semble être d'application jurisprudentielle. C'est le cas notamment : TPI CI, 27 janvier 2015 qui affirme en ces termes :

> « Attendu que qu'aux termes de l'article 751 de la loi n°2011-087 AN-RM du 30 décembre 2011 portant code des personnes et de la famille,

l'héritage est dévolu selon les règles du droit religieux »[75].

61. Le juge se contente de citer l'article 751 *in limine* sans donner une justification de son choix en faveur de la religion. Cette attitude du juge constitue une confirmation des pratiques antérieures avant la loi de 2011. Le juge se contentait de déterminer les héritiers et renvoie ceux-ci à leur religion (musulmane ou chrétienne)[76]. Il dit renvoyer les « parties à leur religion », s'agit-il de la religion du *de cujus* ou celle des héritiers. Il n'est pas exclu qu'un héritier ne soit pas de la même religion que le *de cujus*. Il est alors important que le juge précise désormais s'il s'agit de la religion du *de cujus* ou celle des héritiers. Cependant si le problème se posait en droit musulman, il est vite réglé car le non-musulman ne succède pas à un musulman, l'incroyance est une cause d'exclusion de la succession. Par contre le problème est beaucoup plus complexe lorsqu'un chrétien laisse des héritiers parmi lesquels il y a un musulman. Il est à noter que si les parties demandent l'application du droit musulman et qu'il y n'a point de contestations d'un des héritiers au sujet du droit applicable, il y a aucun intérêt à pouvoir justifier le choix en faveur de cette religion. Car il s'agit d'appliquer la volonté unanime des parties. Tout ceci dénote la complexité du droit successoral malien.

62. L'option du régime successoral ne se manifeste que lorsque l'optant n'a ni religion, ni coutume. La volonté du *de cujus* est inopérante dans l'hypothèse où il peut être établie sa religion ou sa coutume. L'application des règles religieuses est automatique, à défaut la coutume du *de cujus* sera appliquée à sa situation, car nul ne peut déroger aux règles du mode de dévolution retenu. Si le droit malien impose de prime abord un statut successoral, on retrouve l'exemple inverse en droit sénégalais des successions. Celui-ci ayant prévu deux régimes successoraux (droit commun et droit musulman), offre la possibilité à chaque citoyen Sénégalais d'opter pour le droit musulman, à défaut d'option, il se verra appliquer le droit

---

[75] TPI CI, 27 janvier 2015, précité.

[76] CSM, Civ 1ère, 6 avril 1998, arrêt n°69, précité

commun des successions. Ainsi le Professeur Amsatou SOW définit l'option de statut successoral dans le contexte sénégalais comme étant « une faculté offerte à tout Sénégalais, quelles que soient ses conceptions philosophiques et religieuses. Lorsqu'elle se manifeste à travers le comportement, elle doit être déterminée à partir d'un certain nombre d'indices marquant une volonté réelle »[77]. Au Sénégal, l'option en faveur du droit musulman peut être expresse ou résulte du « comportement du *de cujus*[78] » de son vivant. Quant au code Togolais de la famille, il légalise la coutume au côté des règles établies dans le code. Les Togolais qui désirent régler leurs successions par la coutume doivent manifester leur volonté dans une forme authentique (par testament ou devant l'officier d'état civil)[79].

63. Au Mali, l'option n'est possible pour une personne que si elle n'a ni religion, ni coutume. Il s'agit là d'une particularité du pluralisme juridique malien des successions. S'agissant de la forme que doit revêtir l'option, elle peut être écrite ou orale. Sur ce point, le législateur malien se montre particulièrement libéral. Le témoignage est admis aussi bien que la commune renommée. Cependant la question est de savoir si le caractère oral de l'option permet-il d'assurer une sécurité ? Le témoignage admis en la matière comporte des risques sur le plan de la sécurité juridique. Le risque apparaît sur la véracité des déclarations des témoins, surtout lorsque ceux-ci ont intérêt dans la succession du défunt. Il y a également lieu de préciser que la loi ne détermine pas le nombre des témoins. Néanmoins, l'utilisation du pluriel prouve qu'il faut au minimum deux personnes. Pour plus de sécurité juridique, la loi ne devrait admettre que la forme écrite de l'option. C'est par exemple du code Togolais qui n'admet que la forme authentique de la manifestation de volonté. Cependant, il est extrêmement difficile d'arriver au niveau de la 3ème classe qui est la volonté exprimée autrement. Ceux qui sont de confession musulmane tournent autour de 95% de la population, les chrétiens 5%. La coutume peut être établie pour le reste des 5%

---

77 A. SOW SIDIBE, op. cit. p. 213.

78 Affaire Babacar Diop, arrêt précité.

79 Article 403 et 404 du Code Togolais de la Famille.

de la population. De toute évidence, l'option exercée dans des conditions prévues par le CPF produit des effets juridiques.

Paragraphe 2 : Les effets juridiques de l'option

64. Les effets ce sont les conséquences que l'on puisse tirer de l'option d'un statut successoral. Pour mieux appréhender les différents effets juridiques de l'option, deux périodes doivent être distinguées : le sort de l'option avant le décès de l'optant et après le décès de celui-ci.

1°) Les effets de l'option avant le décès

65. Il est à signaler au préalable que l'option est possible pour les personnes qui n'ont ni religion, ni coutume pouvant s'appliquer à leurs successions. À l'inverse, l'application de la religion ou de la coutume est automatique. Aucune volonté contraire ne pourra déroger lorsque la religion ou la coutume est établie par écrit, par témoignage ou par commune renommée. En effet, lorsque l'option est possible, et dans l'hypothèse où la personne opte, elle pourra à tout moment révoquer son option avant son décès. La question est alors de savoir comment doit revêtir la forme de la révocation de l'option. Doit-elle être identique à la forme de l'option ? L'hypothèse est la suivante : une personne ayant manifesté sa volonté devant témoins de voir son héritage dévolu autrement, selon une loi qu'elle précise. Lorsque cette personne de son vivant désire révoquer son option, doit-elle la faire devant les mêmes témoins qui avaient préalablement reçu sa déclaration. La loi reste silencieuse sur la question. La jurisprudence également n'a pas encore été saisie de la question. Ce double silence ouvre le chemin de la spéculation. En effet, trancher en faveur de l'exigence de la « forme de l'option du statut successoral identique à celle de la révocation de ce statut » présente des risques. Souvent cette exigence devient matériellement impossible : c'est le cas lorsqu'un des témoins décède. D'ailleurs, une hypothèse est envisageable lorsque l'optant et un des témoins décèdent dans un même évènement. La version du seul témoin n'est pas opérante. La loi devrait exiger la forme écrite pour la révocation dans le but d'éviter les conflits de preuve, aussi bien que la forme de l'option pour plus de sécurité juridique.

66. Lorsque les conditions de l'option du régime successoral sont réunies, elle devient un droit. En exerçant ce droit, l'optant peut rétracter son option à tout moment. Aucune obligation juridique ne s'impose à lui de maintenir sa décision. En même temps qu'il peut rétracter son option, il pourra dans les mêmes conditions la substituer à une autre. L'optant ne peut pas non plus engager sa responsabilité pour avoir choisi un statut successoral. Même si ce dernier porte atteinte aux intérêts d'un héritier. Il est évident de souligner ce point, car le statut successoral choisi par le *de cujus* de son vivant peut être défavorable à un héritier. Dans ce cas aucune responsabilité ne pourra être engagée contre les cohéritiers privilégiés. Dans tous les cas, l'option a pour vocation de déterminer le sort des biens après la mort de l'optant. C'est pour cette raison qu'il y a des effets juridiques qui s'attachent à la décision de l'optant.

2°) Les effets juridiques de l'option après le décès

67. Le décès de l'optant rend sa décision irrévocable. Cette irrévocabilité s'applique aux parties et au juge. Ainsi, le choix fait par le *de cujus* s'impose aux héritiers. Ceux-ci seront régis par le statut successoral choisi par le *de cujus*. Mais les héritiers disposent au préalable d'un droit d'option prévu par l'article 808 à 844 du code des personnes et de la famille. Ces articles prévoient trois options pour chaque héritier. Celui-ci pourra accepter la succession purement et simplement[80] soit sous bénéfice d'inventaire[81] ou renoncer à la succession[82]. Dans ce dernier cas, la renonciation de l'héritier entraîne l'exclusion de ses enfants. C'est ce que dispose l'alinéa 1er de l'article 820 du CPF en ces termes : « On ne vient jamais par représentation d'un héritier qui a renoncé. » L'exception admise c'est lorsque le renonçant est seul héritier de son degré, ou si tous ses cohéritiers renoncent. Dans l'un et l'autre cas, les enfants viennent de leur

---

[80] Article 808 à 816 du CPF.
[81] Article 825 à 844 du CPF.
[82] Article 817 à 825 du CPF.

chef et succèdent par tête[83]. Aussi, les héritiers qui auraient diverti ou recélé des effets d'une succession seront déchus de la faculté d'y renoncer[84].

68. Les héritiers ainsi déterminés qu'ils soient les enfants suppléants à leur auteur renonçant, les héritiers receleurs ou encore ceux qui auront accepté purement et simplement la succession se voient appliquer le statut successoral choisi par le *de cujus*. Les héritiers ne pourront rien changer quant au contenu du statut successoral choisi par le *de cujus*. Le régime successoral retenu demeure indérogeable. Cependant, une hypothèse de nullité du statut est envisageable, si les conditions d'option n'ont pas été respectées. Il en sera de même lorsque l'option était faite en faveur de la dévolution testamentaire[85]. L'annulation ne serait que judiciaire et si elle est intervenue, quel statut successoral doit-on avoir recours ? Faut-il appliquer le droit commun des successions ou la religion ou la coutume du *de cujus*. La seconde solution est impossible, car c'est l'absence de religion et de coutume que le *de cujus* de son vivant dispose un droit d'option. L'annulation de l'option n'ouvre la voie qu'à l'application du droit commun. Cette solution est différente de l'annulation du testament. Cette annulation du testament entraîne normalement l'application de la religion ou de la coutume du *de cujus* pour la dévolution de sa succession, à leur défaut le régime du droit commun.

69. Le choix s'impose également au juge qui ne pourra pas choisir un statut successoral autre que celui choisi par le *de cujus*. Le dernier alinéa de l'article 751 du CPF exclut toute possibilité de déroger aux règles du mode de dévolution successorale retenu. Cette exigence entraîne une double conséquence :

- ✓ d'une part, le juge, après avoir rendu le jugement d'hérédité doit renvoyer les parties à la religion du *de cujus* qu'il détermine pour le partage successoral. Pour ce faire, il doit motiver sa décision du choix de la religion du *de cujus*. Dans la pratique, le renvoi à la religion des parties, le juge le fait avec beaucoup de légèreté. À

[83] Article 820 al. 2 du CPF.

[84] Article 825 al. 1er du CPF.

[85] CSM, civ. 2ème, 17 décembre 2007, arrêt n°286.

défaut de pouvoir déterminer avec certitude la religion du défunt qu'il pourra recourir à la coutume de celui-ci. Si la religion et la coutume ne peuvent être établies, et à défaut de volonté exprimée du *de cujus*, le juge déclare applicable le droit commun des successions[86] ;

✓ d'autre part, le juge ne pourra en aucune manière renverser l'ordre des statuts successoraux qui se présente comme suit : la religion, la coutume, la volonté, le droit commun.

70. Néanmoins, le juge pourra écarter l'application du statut successoral choisi par le *de cujus* en cas de contestation reconnue fondée. Ces contestations peuvent porter sur la déclaration des témoins ou encore sur l'écrit certifiant l'expression de la volonté du *de cujus* ou encore le témoignage. L'appréciation de la volonté réelle du *de cujus* est une question de fait souverainement appréciée par les juges du fond et doit être contrôlée par la Cour Suprême. Le droit successoral malien soulève une multitude de questions sans réponses. En attendant, la position du juge sur ces questions, le pluralisme juridique dans le domaine successoral est un pluralisme d'incertitudes et d'incompréhensions. Ce sont les prémices des conséquences des caractères diffus et confus du droit successoral malien.

[86] Pour l'instant depuis l'adoption du code des personnes et de la famille en 2011, le juge n'a jamais fait cas d'application du droit commun des successions.

Chapitre 2. Les conséquences des caractères diffus et confus du droit successoral

71. La culture de la diversité est acceptable, voire encourageante à condition qu'elle soit conforme aux exigences de l'État de droit. Le code des personnes et de la famille en instituant un pluralisme juridique devrait s'accommoder avec les principes cardinaux de l'État de droit. Un idéal loin d'être une réalité. Un droit successoral qui projette ses faisceaux lumineux dans toutes les directions bonnes ou mauvaises. Ce caractère diffus du droit successoral entraîne plusieurs conséquences notamment celles relatives à l'inadaptation de ses règles aux exigences nouvelles de la société. C'est pour cette raison que cette codification des règles successorales[87] s'inscrit dans une posture de révolution juridiquement impossible (Section 1) à cause de l'insécurité juridique qu'elle instaure (Section 2).

Section 1 : Un droit successoral aspirant à une révolution juridiquement impossible

72. La codification des règles successorales est une première au Mali. Cette codification est une prouesse législative. À côté d'un droit commun, le code fait un renvoi à la religion, à la coutume ou encore à la volonté exprimée autrement qui deviennent une loi législative. La règlementation d'un droit commun successoral est une victoire tant qu'il contient des

[87] La codification des règles successorales est une réussite, si l'on se place du point de vue purement formelle, car pour la première fois le législateur malien réussit à regrouper les règles relatives à la dévolution successorale dans un même code depuis plus de cinquante ans de souveraineté. Ce qui est une victoire en soi.

innovations compatibles avec les concepts fondamentaux[88] de l'État de droit. Malheureusement ce droit commun ne s'applique que si la religion ou la coutume du *de cujus* ne peut être établie et que celui-ci n'ait pas exprimé autrement sa volonté. L'applicabilité difficile du droit commun des successions (Paragraphe 2) due à son manque de rationalisme ôte le caractère révolutionnaire au code des personnes et de la famille (Paragraphe 1).

Paragraphe 1 : Une applicabilité illusoire du droit commun des successions

73. La loi n°2011-87 AN-RM du 30 décembre 2011 portant code des personnes et de la famille a 9 ans. Nous avons présenté le livre consacré aux successions comme étant une avancée. Que dernière cette avancée se cache une véritable difficulté d'application du droit commun des successions à cause de la formulation de l'article 751. Le pluralisme juridique qui devrait laisser la possibilité de choix d'un régime successoral est loin d'être le cas. Nous avons interprété l'article 751 comme étant une disposition qui impose des statuts successoraux[89]. Les entraves

[88] À l'instar d'autres États africains, le Mali avait subi la colonisation à un moment donné de son histoire. Pendant la domination coloniale, deux catégories distinctes de règles régissaient la population. D'une part, les non-indigènes et ceux qui avaient acquis le statut de citoyens français étaient soumis au droit français ; d'autre part, la population autochtone demeurait régie par les coutumes locales. Dès les premières ères de son indépendance, la nécessité de se doter des instruments juridiques fondamentaux permettant d'assurer son organisation et son fonctionnement se posait avec acuité à la jeune République du Mali. Mais malgré les efforts du législateur, toutes les matières n'avaient pas pu être codifiées. Celui-ci se contentait d'un renvoi au Code civil français pour les matières non légiférées. C'est ainsi que l'article 231 de l'ancien Code de procédure civile, commerciale et sociale prévoyait qu'en attendant la promulgation du Code civil malien, les règles relatives aux successions, donations ; aux rapports des époux, à l'exercice de leurs droits et de ceux des mineurs, demeurent applicables devant les juridictions visées dans le présent code.

C'est le cas également du droit de propriété dont le Code civil français reste applicable au Mali dans son volet relatif à cette matière.

[89] M. B. DEMBELE, « Réflexion du droit malien des successions », in Revue juridique et politique des États Francophones, n°6, 2016

liées au choix du régime successoral est une atteinte à la liberté qui est un élément consubstantiel au pluralisme juridique. Les différentes critiques faites au pluralisme juridique sont-elles fondées ? Pour en vérifier, il y a lieu de faire le bilan des neuf années du code successoral à travers l'application par le juge malien du régime de droit commun. La Cour suprême a eu l'occasion en 2016 de statuer sur le premier contentieux relatif à l'application des dispositions de l'article 751 du code des personnes et de la famille. Nous présenterons cet arrêt (1°) avant de l'analyser (2°).

1°) Présentation de l'arrêt du 19 septembre 2016

74. Les décisions rendues par les tribunaux ne présentent pas assez d'intérêts pour nous, car ils se contentent de rendre le jugement d'hérédité et renvoyer les parties à leur coutume. Cette pratique est une confirmation de celle admise avant le code des personnes et de la famille de 2011. La Cour suprême reste exigeante sur l'existence du jugement d'hérédité. En 2002, la haute juridiction annule un arrêt de la cour d'appel qui confirme un jugement de partage en l'absence du jugement d'hérédité.

> « Pour procéder à un partage successoral, il faut nécessairement procéder à l'identification des successibles par un jugement d'hérédité, déterminer la masse successorale objet de partage. Attendu que dans le cas d'espèce, si le bien à partager est connu, aucune pièce attestant le décès du *de cujus* ou jugement déclaratif des héritiers n'est versé au dossier. Attendu qu'en ordonnant le partage entre les héritiers de feu Kassoum et ceux de feu Bouréima SACKO sans au préalable déterminer par un jugement d'hérédité que ces derniers sont issus d'un même auteur propriétaire des lieux, la décision de la cour d'appel a manqué de base légale et s'expose dès lors à la censure de la haute cour »[90].

---

[90] CSM, Civ 1ère 28 juillet 2002, MS c/ LM et MDS, pourvoi n° 66 DU 1er février 2001

75. Nous n'avons pas trouvé de jugement qui pose des discussions de la règle applicable. Par contre, la Cour suprême a été une fois saisie d'un pourvoi en cassation dans une affaire de partage de succession qui concernait la problématique de la loi applicable. L'arrêt est d'une importance capitale pour deux raisons : d'une part, c'est une première depuis l'adoption du code des personnes et de la famille, d'autre part, parce que certaines de nos inquiétudes par rapport aux difficultés d'application du statut de droit commun ont été confirmées. Nous reproduisons intégralement ci-dessous cet arrêt n° 271 de la 1ère chambre civile de la Cour suprême du Mali en date du 19 septembre 2016.

CSM, civ. 1ère, 19 septembre 2016

Faits et procédure

Suite au décès du sieur O. B. survenu le 26/07/2011 à Paris, ses héritiers déclarés par le jugement d'hérédité n°374 du 11/11/2011, après avoir procédé devant notaire au partage selon la coutume musulmane d'une portion de la succession du défunt (leur auteur et mari), ont, à cause d'une profonde mésentente sur la règle de droit applicable, saisi le Tribunal de 1ère instance de la commune VI du District de Bamako d'une demande de partage de la masse successorale. Tandis que le demandeur au pourvoi soutient que le reste de la masse successorale est à partager suivant les prescriptions de la religion musulmane, comme il y aurait été pour la portion sus évoquée, la défenderesse estime qu'il doit s'effectuer suivant les dispositions des articles 751, 797 et 883 du code des personnes et de la famille du Mali. Sur la demande ainsi introduite, le jugement 332 du 08/08/20… a été rendu comme suit par le Tribunal de 1ère instance de la commune VI : « … la masse successorale est fixée à 761. 363 337 FCFA…, Ordonne en conséquence le partage entre héritiers déterminés par jugement d'hérédité n°374 en date du 11/11/2011…Au regard de la loi n° 2011-087 du 30/12/2011 portant code des personnes et de la famille en ces articles 751, 797 et 883 ; désigne Me Céline CAMARA SIB Notaire à… en qualité de liquidateur… » ;

Ce jugement a fait l'objet d'appel ; et la cour d'appel de Bamako a, par arrêt n° 484 rendu le 06/5/2015, rejeté l'appel comme mal fondée ; c'est contre cet arrêt que le demandeur par le canal de son conseil a formé pourvoi.

Exposé des moyens

Le demandeur au pourvoi, sous la plume de son conseil Me Issoufi Diallo soulève deux moyens de cassation tirés de la violation de la loi et du défaut de motifs ;

Sur le premier moyen tiré de la violation :

En ce que l'arrêt attaqué a violé les dispositions de l'article 2 du Code civil l'application d'une règle de droit qui ne devait pas régir l'affaire en question. Que F.O.B. est décédé le 26 juillet 2011 avant l'entrée en vigueur de la loi n°2011-087 du 30 décembre 2011, portant code des personnes et de la famille du Mali. Que malgré les dispositions de l'article 2 selon lesquelles « la loi ne dispose que pour l'avenir ; elle n'a point d'effet rétroactif. », le premier jugement confirmé par l'arrêt incriminé, s'est fondé sur les articles 751, 797 et 883 de la loi n°2011-087 du 30 décembre 2011 pour ordonner le partage de la succession de F.O.B. ;Qu'en retenant dans sa motivation que le premier jugement procède « d'une bonne analyse des faits et d'une exacte application de la loi aux faits de la cause », l'arrêt querellé au cas l'espèce une loi qui ne devait pas le régir, en raison du principe de la non-rétroactivité de la loi ;

Attendu qu'en outre, il est reproché à l'arrêt déféré d'avoir confirmé le premier jugement en se fondant sur les articles 751, 797, 883, tout en constatant que F.O.B. était un musulman pratiquant ; Que cela est une méprise évidente des dispositions claires de l'article 751 du CPF comme suit formulé : « l'héritage est dévolu selon les règles du droit religieux, coutumier ou selon les dispositions du présent livre » ; Que l'arrêt en cause en adoptant les motifs du premier jugement par le rejet de l'appel de M.B., commet une violation de la loi encourant ainsi la censure de la Cour suprême ;

Sur le second moyen tiré du défaut de motifs subdivisé en deux branches :

1ère branche du moyen : refus de répondre aux conclusions visant un point de droit :

En ce que l'arrêt querellé a ordonné, sans motif, le partage suivant les dispositions de la loi n°2011-087 du 30/11/2011, notamment en ses articles 751, 797 et 883 bien que le sieur M.B., sous la plume de son conseil, dans ses conclusions en date du 16 février 2015, a soutenu que lesdites dispositions, ne s'appliquent pas au cas en question en raison de l'appartenance du défunt et des parties à la religion musulmane et du fait du partage d'une portion de la même masse successorale suivant les règles de droit religieux musulmanes ; Que mieux, le demandeur au pourvoi reproche à l'arrêt de la Cour d'Appel de n'avoir pas respecté les dispositions de l'article 2 du Code civil stipulant que : « ... la loi ne dispose que pour l'avenir ; elle n'a point d'effet rétroactif... » ; Que la date du décès de O. B. étant antérieure à l'entrée en vigueur de la n°2011-087 du 30/11/2011 portant CPF, est déterminante pour le choix de la règle de droit applicable ; Que par conséquent l'arrêt déféré en restant muet sur l'application ou la non-application de la non-rétroactivité de la loi au cas de l'espèce encourt la censure de la haute juridiction ;

2ème branche du moyen tiré de la contradiction entre le motif et le dispositif de l'arrêt querellé :

Attendu que dans sa motivation, l'arrêt incriminé a clairement soutenu et reconnu que :

- en l'espèce il a déjà été procédé à un partage partiel entre les héritiers selon les règles du droit musulman : et à ce titre la veuve, défenderesse au pourvoi, a bénéficié d'un huitième (1/8ème) ;
- la même succession ne peut comporter l'application de lois différentes (la loi musulmane et le code des personnes et de la famille) ;
- et enfin l'appartenance du défunt à la religion musulmane ;

Qu'en dépit de ces évidences relevées dans ses motivations, l'arrêt en cause a confirmé le premier jugement en rejetant comme mal fondé l'appel de M.M.B., B., alors que cet appel ne visait qu'à faire appliquer strictement la règle de droit musulman et à éviter toute équivoque dans la compréhension des dispositions claires de l'article 751 du code des personnes et de la famille formulé comme suit : « l'héritage est dévolu selon les règles du droit religieux, coutumier ou selon les dispositions du présent livre » ; Que le rejet de l'appel, l'arrêt attaqué a fait siens les motifs du jugement de 1ère instance qui s'appuient sur les dispositions des articles 797 et 883 du code des personnes et de la famille, contraires à la règle de droit religieux, notamment la règle de droit musulmane ; Que le même arrêt ayant admis qu'il ne peut être fait application de deux lois différentes à la même succession, le rejet de l'appel s'analyse en un défaut de motifs tiré de la contradiction entre les motifs et le dispositif ; Qu'en conséquence, l'arrêt querellé doit être censuré pour défaut de motifs ;

Attendu que la défenderesse au pourvoi conclut au rejet du pourvoi ;

Analyse des moyens

Attendu qu'au soutien de son recours, le demandeur au pourvoi soulève deux moyens de cassation tirés de la violation de la loi et du défaut de motifs ;

Sur le premier moyen tiré de la violation de la loi

Attendu qu'il est fait grief à l'arrêt attaqué d'avoir violé les dispositions de l'arrêt 2 du Code civil par l'application d'une règle de droit qui ne devait pas régir l'affaire en question ; Que F.O.B étant décédé le 26 juillet 2011, donc avant l'entrée en vigueur de la loi n°2011-087 du 30 décembre 2011, portant Code des personnes et de la famille du Mali, les dispositions de l'article 751, 797 et 883 ne devaient pas s'appliquer au cas de l'espèce ; que l'antériorité de la date du décès du *de cujus* est déterminante pour le choix de la règle de droit applicable ;

Attendu qu'il ne ressort nulle part que la date du décès détermine la règle de droit applicable ; que dès lors, on ne peut arguer de cela pour invoquer l'article 2 du Code civil disposant que : « … la loi ne dispose que pour l'avenir ; elle n'a point d'effet rétroactif… » ;Que par ailleurs si l'article 752 dispose que « la succession est ouverte au dernier domicile du défunt par le décès ou… », nulle part il n'est fixée une date à partir de laquelle le partage de la succession doit se faire ; Que ce qui précède, il y a lieu de dire qu'il est opportun d'invoquer l'article 2 du code civil pour rejeter l'application de certaines dispositions du CPF ; que ce moyen est pertinent et peut être accueilli pour la cassation ;

Sur le second moyen tiré du défaut de motifs subdivisé en deux branches :

1ère branche du moyen : refus de répondre aux conclusions visant un point de droit

Attendu qu'il est reproché à l'arrêt querellé d'avoir ordonné, sans motif, le partage suivant les dispositions de la loi n°2001-087 du 30/12/2011, notamment en ces articles 751, 797 et 883 bien que le sieur M.B, sous la plume de son conseil, dans ses conclusions en date du 16 février 2015, a soutenu que lesdites dispositions, ne s'appliquent pas au cas en question en raison de l'appartenance du défunt à la religion musulmane et du fait du partage d'une portion de la même masse successorale suivant les règles de droit religieux musulmanes ;

Attendu qu'en ordonnant le partage suivant les dispositions susvisées sans discernement, l'arrêt déféré ne répond pas à la question pertinente qui est de savoir quelle est la règle du droit applicable : la règle de droit religieux… ou les dispositions du présent livre comme il est dans l'article 751 du CPF ;

Attendu qu'il convient de rappeler les dispositions de l'article 751 pour comprendre qu'il y a une confusion patente en combinant cet article avec les articles 797 et 883 du même CPF ; Qu'en effet l'article 751 dispose comme suit en son alinéa 1er : « l'héritage est dévolu selon les règles du droit religieux, coutumier ou selon les dispositions du présent livre. » ; que la conjonction de coordination ou signifie un choix exclusif d'une règle de partage par rapport à un autre : qu'en clair deux modes de partage sont opposés, le premier étant le partage selon les règles de droits religieux, coutumier, le second selon les dispositions du présent livre ; et les personnes auxquelles s'appliquent les dispositions du présent livre sont définies, citées par l'alinéa 2 du même article 751 du même CPF ; Que dès lors, ayant constaté d'une part que les parties ont eu à procéder à un partage d'une portion de la même succession, et d'autre part que les dispositions des articles 797 et 883 comprises dans « les dispositions du présent livre » sont contraires à la règle de droit religieux qui est musulman, et ordonne le partage en application de la loi ; qu'il s'ensuit que la question sur le droit applicable n'est pas tranchée par l'arrêt attaqué ; Qu'il convient d'accueillir favorablement ce moyen ;

2ème branche du moyen tiré de la contradiction entre le motif et le dispositif de l'arrêt querellé :

Attendu que dans sa motivation, l'arrêt incriminé après avoir clairement soutenu et constaté que :

en l'espèce il a déjà été procédé à un partage partiel entre les héritiers selon les règles du droit musulman : et à ce titre la veuve défenderesse au pourvoi, a bénéficié d'un huitième (1/8ème) ; la même succession ne peut comporter l'application de deux règles de droits différents : la règle de droit religieux, en l'occurrence ici, la règle de droit musulman et les dispositions du présent livre tel que ressortent des dispositions de l'article 751 du code des personnes et de la famille ; et enfin l'appartenance du défunt à la religion musulmane, ne pouvait logiquement plus dire que la succession sera dévolue suivant d'autres règles de droit que la règle de droit religieux, en l'occurrence la règle de droit musulman pour le cas d'espèce ; Qu'en dépit de ces évidences relevées dans ses motivations, l'arrêt en cause en confirmant le premier jugement et en rejetant comme mal fondé l'appel de M.M.B., Que le rejet de l'appel, l'arrêt attaqué a fait siens les motifs du jugement de 1ère instance qu'il s'appuie également sur les dispositions des articles 797 et 883 du code des personnes et de la famille, contraire à la règle de droit religieux, notamment la règle de droit musulman ; Que le même arrêt ayant admis qu'il ne peut être fait application de deux règles de droits différents à la même succession, le rejet de l'appel s'analyse en un défaut de motifs tiré de la contradiction entre les motifs et le dispositif ; Qu'en conséquence le moyen invoqué contre l'arrêt déféré doit être également accueilli favorablement, et donne droit à cassation ;

Casse et annule l'arrêt déféré ; Renvoie les parties devant la Cour d'appel de Bamako autrement composée…

2°) Analyse de l'arrêt du 19 septembre 2016

76. L'arrêt du 19 septembre 2016 constitue un soulagement et une inquiétude. Soulagement, parce que, enfin, le juge suprême a été enfin saisi du contentieux relatif à l'application de l'article 751 du code des personnes et de la famille. Il a eu l'occasion de livrer son point de vue. En revanche, l'arrêt confirme nos inquiétudes concernant les contraintes d'applicabilité du régime de droit commun des successions *ab intestat*.

77. La codification des règles successorales est une chose, mais l'application de ces règles en est une autre. Il est constant que le législateur du CPF ait écarté toute possibilité de choix lorsque la religion ou la coutume est établie dans les formes prescrites par le code. L'article 751 du CPF par sa formulation exclut *ipso facto* la plupart des Maliens du bénéfice du régime de droit commun des successions au profit des religions et des coutumes. Nous pensons que la Cour suprême du Mali aurait une lecture différente de la mienne[91]. Certains passages de l'arrêt retiennent notre attention. Avant de discuter ces points, un bref rappel des faits s'impose. En l'espèce O. B. décède le 26/07/2011, ses héritiers déclarés par le jugement d'hérédité n°374 du 11/11/2011, partagent une portion de la succession suivant les règles du droit islamique. Entre temps, une loi nouvelle est intervenue le 30 décembre 2011. Pour le partage de l'autre portion de la succession, une profonde mésentente s'installa entre les héritiers portant sur la règle de droit applicable. Ceux-ci saisissent alors le tribunal qui décide d'appliquer la loi nouvelle. Un appel fut interjeté. Pour l'appelant cette application de la loi nouvelle porte atteinte à l'article 2 du Code civil qui interdit la rétroactivité de la loi nouvelle notamment celle du 30 décembre 2011 portant code des personnes et de la famille. La cour d'appel confirme le jugement. Finalement un pourvoi en cassation est formé et la Cour suprême casse et annule l'arrêt confirmatif. Cet arrêt même s'il comportait d'autres questions connexes qui ont peu d'intérêt pour nous, la Cour suprême à travers cette décision donne une interprétation claire des dispositions de l'article 751 du code des personnes et de la famille. Elle confirme tout simplement nos inquiétudes sur l'applicabilité du régime de droit commun des successions.

[91] Au moment où nous écrivons un article sur le caractère optionnel du droit successoral malien, l'arrêt du 19 septembre n'était encore rendu par la Cour suprême. Nous avons été le premier à interpréter l'article 751 du code des personnes et de la famille pour soulever le caractère diffus et confus du droit successoral malien. M. B. DEMEBELE, Réflexion sur le droit malien des successions, op. cit.

Certains éléments de l'arrêt seront commentés à la deuxième partie de cet ouvrage.

78. Sur la 1ère branche du moyen tiré du refus de répondre aux conclusions visant un point de droit on peut lire :

> *« Attendu qu'il convient de rappeler les dispositions de l'article 751 pour comprendre qu'il y a une confusion patente en combinant cet article avec les articles 797 et 883 du même CPF... que la conjonction de coordination ou signifie un choix exclusif d'une règle de partage par rapport à une autre : qu'en clair deux modes de partage sont opposés, le premier étant le partage selon les règles de droits religieux, coutumier, le second selon les dispositions du présent livre... que les dispositions des articles 797 et 883 comprises dans « les dispositions du présent livre » sont contraires à la règle de droit religieux qui est musulmane... »*

La Cour suprême détermine clairement le domaine d'application de l'article 751 du code des personnes et de la famille. Cet article exige un choix entre deux modes de partage : droits religieux, coutumier et les dispositions du présent livre. En aucun cas l'article 751 ne fait partie des dispositions du présent livre, mais plutôt invite à faire un choix d'un statut successoral entre le droit religieux, coutumier ou les dispositions du présent livre. D'ailleurs, la Cour suprême explique la raison de l'utilisation de la conjonction de coordination « ou » qui signifie un choix exclusif d'une règle de partage par rapport à une autre. Désormais la position du juge suprême est claire, face à une succession ouverte, un choix d'un mode de partage doit être opéré. Une juridiction de fond qui fait une confusion entre les articles 751, 797 et 883 du code des personnes et de la famille expose sa décision à la censure de la Cour suprême. Une position salutaire, mais qui ne résout point nos inquiétudes, lesquelles sont confirmées dans la 2ème branche du moyen.

79. En effet dans la 2ème branche du moyen tiré de la contradiction entre le motif et le dispositif on peut lire :

« ... l'appartenance du défunt à la religion musulmane, ne pouvait logiquement plus dire que la succession sera dévolue suivant d'autres règles de droit que la règle de droit religieux, en l'occurrence la règle de droit musulman pour le cas d'espèce ; ... Qu'en conséquence le moyen invoqué contre l'arrêt déféré doit être également accueilli favorablement, et donner droit à cassation... »

Le style utilisé par le juge suprême est sans équivoque, la succession du *de cujus* est dévolue conformément à sa religion, la religion musulmane pour le cas d'espèce. C'est une interprétation que nous faisons de l'article 751 du code des personnes et de la famille. Dès lors que la religion du *de cujus* peut être établie par écrit, par témoignage, par le vécu ou par la commune renommée aucun autre statut successoral ne pourrait s'appliquer. La Cour suprême ne donne pas malheureusement sa position à savoir si l'appartenance à une religion doit être appréciée de fond ou de forme. Nous espérons que les prochains arrêts de la Cour suprême permettront d'approfondir la réflexion. En attendant ceci, le mode de partage selon les dispositions du présent livre continue d'être une illusion, car 95% de la population malienne ne peuvent en bénéficier.

80. Cependant, cette exclusion est certainement liée à la composition particulière de la population malienne. Deux constats illustrent ce propos. D'une part, « les dispositions du présent livre s'appliquent à toute personne, affirme l'article 751, « dont la religion... n'est pas établie par écrit, par témoignage, par le vécu ou la commune renommée... » La population malienne qui est composée de 90% des personnes de confession musulmane se voient appliquer les règles établies dans le Coran. De ce fait, elles ne seront pas concernées par les règles successorales de droit commun prévues par le législateur. D'autre part, l'animisme qui renvoie à la religion locale est régi par le droit coutumier. Cette couche sociale représente 5% de la population malienne et se voit appliquer le droit coutumier pour la dévolution successorale. L'article 751 les exclut par la formule suivante : « les dispositions du code s'appliquent à toute personne : -dont... la coutume n'est pas établie par écrit, par témoignage, par le vécu ou la commune renommée… ». Mathématiquement, 95% de la population malienne se trouvent exclus de l'application du droit commun des successions. Si celui-ci peut être considéré comme révolutionnaire car contenant des innovations majeures conformes aux principes fondamentaux de l'État de droit, l'exclusion de 95% de la population de son domaine d'application lui ôte ce caractère révolutionnaire. Les « dispositions du présent livre » ne concernent probablement que les 5% de la population malienne qui représente les personnes de confession chrétienne. Pour régler les successions de celles-ci, le code de droit canonique renvoie à la loi de l'État dans lequel se trouve le *de cujus*. Finalement, le choix du statut successoral est enfermé dans une sorte de carcan, car nul ne peut déroger au mode de dévolution retenu.

Paragraphe 2 : Un manque de rationalisme dans la conception du pluralisme juridique

81. Le pluralisme juridique doit se concevoir comme une liberté. Les différents régimes formant le pluralisme juridique doivent permettre à chaque citoyen d'exprimer son choix, de marquer sa préférence pour l'un ou pour l'autre régime. C'est dans cette logique que les systèmes pluralistes se conçoivent. Le pluralisme juridique dans le domaine successoral à la « Malienne » est la coexistence de toutes les pratiques identitaires tout en imposant un modèle. Aussi naturelle que cela puisse paraître, la négation des différences de certaines personnes revient à les discriminer, surtout le domaine successoral dans lequel les croyances restent encore très vivaces dans une société comme le Mali. Mais, si l'on ne peut pas occulter les différences dans la conception de la loi, celle-ci doit avoir comme dénominateur commun l'égalité et la liberté[92], deux exigences fondamentales de l'État de droit.

82. L'article 751 précité, de façon évidente, laisse peu de place aux Maliens de choisir le statut successoral qui leur convient. Lequel statut s'impose d'ailleurs dans la plupart des

---

[92] Cf. page 45 la négation des concepts fondamentaux de l'État de droit.

cas. La volonté n'a aucune valeur juridique au cas où l'optant a une religion ou une coutume établie dans les formes prescrites par le code des personnes et de la famille. L'application de la religion ou de la coutume du *de cujus* est automatique dans cette condition. La question que l'on puisse se poser est de savoir si en l'absence de religion ou de coutume, le *de cujus* de son vivant pourra choisir la religion ou la coutume d'autrui ? En d'autres termes celui qui n'a ni religion, ni coutume établie ne pourrait-il pas en choisir une ? La réponse est affirmative. C'est à ce niveau que la volonté manifestée autrement en tant que statut successoral autonome présente un intérêt. C'est à défaut de religion ou de coutume établie qu'une personne pourra manifester sa volonté par écrit ou par devant témoins de voir sa succession dévolue autrement. Dans cette condition, cette personne pourra choisir le code, ce qui n'est d'ailleurs pas interdit. Mais, si son choix est porté sur le code, cela équivaudrait à une absence de choix. Dans les deux cas le résultat sera le même : l'application du code. Le législateur impose l'application du droit religieux, à défaut le droit coutumier, à défaut des deux précédents qu'il ouvre la possibilité de choix. Lequel choix pourra être une législation étrangère. Ce qui ne va sans poser d'autres difficultés. Bref, le droit malien des successions constitue un fourretout, acceptant des règles compatibles ou non avec les principes de l'État de droit. Les différentes religions et coutumes en vigueur au Mali acquièrent une valeur législative par le système du renvoi législatif.

83. Pourtant, force est de constater que la loi n°09-038 / AN-RM du 3 août 2009 portant Code des personnes et de la famille qui avait fait l'objet d'une relecture par l'Assemblée Nationale et qui avait abouti à l'adoption de la loi n°11-087 / AN-RM du 30 décembre 2011 était plus claire dans sa formulation. En effet, elle dispose en son article 748 que : « Les dispositions du présent livre règlent la succession de toute personne à l'exception de :

- ✓ celle qui, de son vivant, a expressément manifesté sa volonté, par écrit ou par devant témoins, de voir son héritage dévolu autrement, notamment selon les règles d'un droit religieux ou coutumier ;
- ✓ celle qui, de son vivant, a disposé par testament de tout ou partie de ses biens, sauf la mesure compatible

avec la réserve héréditaire et les droits du conjoint survivant. »

84. En faisant un rapprochement avec l'article 751 du CPF, on constate que celui-ci impose la religion et la coutume en tant que mode de dévolution, tandis que l'article 748 de la loi n°09-38 impose au *de cujus* de son vivant de faire son choix entre la religion, la coutume et le testament. À défaut d'option par celui-ci, le droit commun s'applique. Mais dans la nouvelle formulation (CPF en vigueur), c'est plutôt le défaut de religion, de coutume, de volonté contraire et de testament que le code s'applique. Par une telle formulation ce code légalise toutes les pratiques identitaires compatibles ou non avec la constitution.

85. Les pratiques identitaires, inadaptées ou inconciliables avec les principes fondamentaux de l'État de droit doivent être purement et simplement abrogées dans un État soucieux de la promotion et de la protection des droits fondamentaux universellement proclamés. Le législateur de 1962 l'avait fait au sujet du mariage. Le code du mariage et de la tutelle prévoit en son article 45 alinéa 5 que : « Les époux ne peuvent stipuler d'une manière générale que leur association sera réglée par l'une des coutumes ou statuts locaux qui régissaient les diverses ethnies Maliennes et qui sont abrogées par le présent code »[93]. Cet exemple devrait aussi être suivi par le législateur du code des personnes et de la famille dans le domaine des successions. Les pratiques coutumières voire religieuses en matière successorale se fondent essentiellement sur des rapports de subordination. Il s'agit là d'une rupture d'égalité entre époux et entre descendants. En effet, la légalisation des pratiques identitaires aboutit nécessairement à une remise en cause du principe d'égalité, proclamé par la constitution du 25 février 1992[94]. Le caractère révolutionnaire du code s'estompe devant la légalisation des règles qui ne sont pas gages du respect des droits fondamentaux.

---

[93] L'article 45 al 5 de la loi n 62-17 / AN-RM du 3 février 1962 portant code de mariage et de la tutelle.

[94] La constitution malienne du 25 février 1992 dispose en son article 2 : « Tous les Maliens naissent et demeurent libres et égaux en droits et en devoirs. Toute discrimination fondée sur l'origine sociale, la couleur, la langue, la race, le sexe, la religion et l'opinion politique est prohibée. »

86. Le législateur n'ayant pas procédé à l'identification des différentes coutumes existantes en matière successorale[95] a néanmoins légalisé toutes. Le législateur du code des personnes et de la famille devrait s'inspirer du législateur du code de mariage et de la tutelle[96]. Ce code a abrogé les us et coutumes locaux qui régissaient les différentes ethnies avant l'indépendance en ces termes Les époux ne peuvent stipuler d'une manière générale que leur association sera réglée par l'une des coutumes ou statuts locaux qui régissaient les diverses ethnies Maliennes et qui sont abrogées par le présent code[97]. Pourtant cet article était un bon départ pour l'abrogation définitive des coutumes qui ne riment pas avec les exigences de l'État de droit. Malheureusement, le législateur du code des personnes et de la famille n'a pas su tirer de cette avancée législative. Finalement, le droit successoral manque de rationalité. Pis encore, il institue une insécurité juridique.

Section 2 : Un droit successoral instituant une insécurité juridique

87. La garantie des droits fondamentaux des citoyens s'étend au-delà de la simple inscription dans les lois et codes, encore faudrait-il que ces instruments juridiques soient organisés de manière cohérente : il faut une hiérarchisation des normes juridiques. Celle-ci est une condition de garantie de la cohérence juridique. Le système d'hiérarchie des règles exige que celles qui sont de rang inférieur soient conformes à celles qui ont une valeur supérieure[98]. La méconnaissance du principe de la hiérarchie des normes est au prix de l'insécurité juridique. Le code des personnes et de la famille en fournit l'exemple. Dans la mesure

---

[95] Cf. Intervention du chef de l'État Amadou Toumani Touré sur le code des personnes et de la famille, Journal Essor n°16515 du 27 Août 2009.

[96] Loi n°62-17 AN-RM du 3 février 1962 du code de mariage et de la tutelle. Ce code a été adopté juste deux ans environ après l'accession du Mali à l'indépendance.

[97] Article 45 al. 6 du code de mariage et de la tutelle

[98] D. ALLAND et S. RIALS, Dictionnaire de la culture juridique, édition PUF, 2003, p. 779

où, il édicte ou renvoie à des normes qui sont d'essence anticonstitutionnelles. Ce code crée un conflit normatif (Paragraphe 1) et constitue également une négation des concepts fondamentaux de l'État de droit (Paragraphe 2).

Paragraphe 1 : Le conflit normatif créé par le code successoral

88. Par conflit normatif, il faut entendre par là les contradictions entre les différentes normes à l'intérieur d'un même système (conflit interne) ou entre une norme d'un système et une norme d'un autre système (conflit externe). Le code des successions au Mali met en œuvre à la fois un conflit interne et externe, ceci peut être démontré à travers l'examen des données du problème (1°). Le droit positif prévoit des solutions mais pour l'instant qui demeurent inappliquées, c'est pourquoi nous parlons de persistance de conflit normatif (2°).

1°) Les données du problème du conflit normatif

89. Le code des personnes et de la famille qui renvoie à des règles comportant des inégalités de traitement est la chose la plus paradoxale qui puisse exister dans un système juridique comme celui du Mali. Pourtant, c'est cette option qu'a préférée le législateur malien du CPF. Les successions sont organisées par un texte de rang législatif, lequel s'insère dans un ensemble d'instruments juridiques formant un système homogène. Cette homogénéité tient de la théorie de la hiérarchie des normes juridiques. L'ordre juridique ne consiste pas en un ensemble de normes même coordonnées entre elles qui se situeraient toutes sur le même plan mais en un ensemble de normes entretenant entre elles un rapport de création/application : une norme est créée selon une procédure elle-même déterminée par une autre norme de sorte que la première norme serve de fondement de validité à une seconde norme. Si la validité de la seconde norme est fondée sur la validité de la première, on peut conclure que ces deux normes entretiennent entre elles un rapport hiérarchique[99]. La force juridique des instruments juridiques tient au rapport d'hiérarchie entre normes dites inférieures et celles dites supérieures.

90. La hiérarchie des normes juridiques au Mali, à l'instar de la plupart des États francophones se présente comme suit : le bloc de constitutionnalité, le bloc de la conventionalité, le bloc de la légalité, etc. Le bloc de constitutionnalité désigne l'ensemble des normes à valeur constitutionnelle. Ce bloc comprend : le texte constitutionnel ; le préambule de la constitution et les textes auxquels il renvoie (normes complémentaires explicites ou écrites) ; les normes complémentaires implicites ou non écrites à savoir les principes généraux reconnus par les lois de la république[100]. Par ailleurs, le bloc de la conventionalité ou bloc de la supra légalité renvoie à l'ensemble des règles de droit qui proviennent des traités et des conventions conclus entre les États ou entre les États et les organisations internationales. Le bloc de légalité est un concept forgé par la doctrine juridique administrative française qui concerne l'ensemble des lois organiques, des lois ordinaires, etc. Le droit successoral malien appartient à la catégorie des lois ordinaires.

91. En règle générale, dans la hiérarchie des normes juridiques, la constitution se trouve au-dessus des autres règles qu'elles soient d'origine internationale, régionale ou nationale. Les textes internationaux et régionaux ont une valeur supérieure aux lois législatives[101]. Celles-ci se placent au-dessus des règlements et que les règlements priment la coutume, la jurisprudence et la doctrine. L'une des conséquences de cette hiérarchisation est de permettre d'écarter des normes inférieures incompatibles avec la norme supérieure. La mise à l'écart des normes inférieures se justifie légitimement si l'on considère les

---

[99] P. BRUNET, Introduction : la hiérarchie des normes, fétiche ou nécessité ? *in* revue de théorie constitutionnelle et de philosophie du droit 2013, https://journals.openedition.org/revus/2768 consulté le 24/07/2019

[100] Il s'agit là du modèle français du bloc de la constitutionnalité.

[101] L'article 116 de la constitution du 25 février 1992 dispose que : « Les traités ou accords régulièrement ratifiés ou approuvés ont, dès leur publication, une autorité supérieure à celle des lois, sous réserve pour chaque traité ou accord de son application par l'autre partie. »

procédures d'adoption des différentes règles. La constitution adoptée par référendum est l'expression directe du peuple, les lois législatives, expressions indirectes du peuple. Il est tout à fait légitime que les règles inférieures soient écartées au profit des normes supérieures. C'est dans cet ordre d'idées que les coutumes et les règles issues du Coran doivent aussi être écartées au profit des lois législatives qui occupent un rang inférieur.

92. Curieusement, le législateur du code des personnes et de la famille inverse les rangs entre loi législative et coutume. Le droit commun des successions ne s'applique qu'à défaut de religion ou de coutume établie par écrit, par témoignage, par vécu ou par commune renommée. La religion et la coutume présentent une valeur supérieure à la loi, selon le législateur de 2011. Aussi, entre religion et coutume, la première prime sur la seconde. C'est ce qui ressort malheureusement de l'analyse de l'article 751 du code des personnes et de la famille. Mais le renvoi législatif aux religions et coutumes les intègre au rang législatif. Or règles religieuses et coutumières en matière successorale ne riment pas avec les exigences auxquelles le législateur est assujetti. En d'autres termes, les règles religieuses et coutumières sont porteuses des valeurs contraires à celles que le législateur est obligé de défendre et de se soumettre. Le conflit normatif persiste alors.

2°) La persistance du conflit normatif

93. La persistance du conflit normatif concerne deux volets : d'une part, une contradiction entre les régimes successoraux formant le pluralisme juridique, d'autre part, une contradiction entre certains statuts successoraux et les normes supérieures. En effet dans le premier cas, la religion et la coutume comportent des règles contraires au régime de droit commun des successions. Il est vrai qu'il n'existe pas de rapport hiérarchique entre les différents régimes successoraux, mais, il est inconcevable dans un État de droit de mettre en place des régimes discriminatoires au côté de ce qui assure la protection égalitaire pour finir imposer les premiers comme modèle. Le législateur devrait laisser le libre choix du statut successoral, car le renvoi à la religion ou à la coutume a eu pour conséquence de faire acquérir à celle-ci une valeur législative.

94. À l'avenir un problème crucial pourrait être posé notamment un héritier qui soulèvera l'inconstitutionnalité de la religion ou de la coutume, le juge pourra-t-il les écarter ? Rien n'est certain. Une saine application du droit devrait permettre au juge d'écarter ces règles, dès l'instant que leur inconstitutionnalité est soulevée par l'une des parties. C'est justement ce que la chambre coutumière du Tribunal de première instance de la commune III du District de Bamako l'a fait en 2004. Le jugement est ainsi libellé :

> « Attendu que les parties consentent toutes au partage, qu'aucune convention ou décision de justice ne s'y oppose ; qu'il y a lieu d'y procéder. Qu'en outre, la constitution de la République du Mali, fidèle au Pacte international sur les droits civils et politiques du 16 décembre 1966 en son article 26 et à la charte africaine des droits de l'homme et des peuples en son article 2, a consacré en son alinéa 2 l'égalité de tous les Maliens et proscrit toute discrimination fondée sur l'origine sociale, la couleur, le sexe ; qu'au surplus, la convention sur l'élimination de toutes les formes de discrimination à l'égard des femmes (CEDEF) en son article 15 dispose que les États parties reconnaissent à la femme l'égalité d'avec l'homme devant la loi ; Attendu que les différents instruments internationaux évoqués ont tous été ratifiés par la République du Mali que ces dispositions suscitées, de façon péremptoire et univoque consacrent l'égalité de l'homme et de la femme en droit et proscrivent toute forme de discrimination ; qu'il y a lieu d'ordonner le partage de 13 320 000F CFA pour les dividendes et de 1200 000F CFA pour les loyers conformément à ces principes, entre les héritiers de S »[102].

[102] TPI CIII, chambre coutumière, 27 décembre 2004, jugement n° 309.

95. Ce jugement du tribunal a une portée limitée, car il est antérieur au code des personnes et de la famille. Cependant, il a en effet écarté l'application du droit musulman pour la dévolution d'une succession au motif qu'il était discriminatoire et contraire à la constitution et aux instruments juridiques internationaux ratifiés par le Mali. Cette décision a pris le contresens de toutes les décisions rendues en la matière. Une décision particulièrement exceptionnelle !

96. Le code des personnes et de la famille a créé aussi un conflit avec les conventions internationales. Toutes les conventions internationales ne seront pas évoquées, un exemple portera sur le Protocole à la charte africaine des droits de l'homme et des peuples relatif aux droits des femmes dite convention de Maputo, le 11 juillet 2003. L'article 21-1 de cette convention dispose que : « La veuve a le droit à une part équitable dans l'héritage des biens de son conjoint. La veuve a le droit, quel que soit le régime matrimonial, de continuer d'habiter dans le domicile conjugal. En cas de remariage, elle conserve ce droit si le domicile lui appartient en propre ou lui a été dévolu en héritage. » La Cour africaine des droits de l'homme et des peuples dans un arrêt condamne le Mali pour violation de cette disposition en ces termes : « ...Dit que l'État défendeur a violé les articles 21 (1) et (2) du Protocole de Maputo et les articles 3 et 4 de la Charte africaine des droits et bien-être de l'enfant relatifs au droit de la succession pour les femmes et les enfants naturels »[103]. Un autre terme de la condamnation de la cour « ...Dit que l'État défendeur a violé l'article 2(2) du Protocole de Maputo, les articles 1(3) et 21 de la Charte africaine des droits et bien-être de l'enfant et l'article 5(a) de Convention sur l'élimination de toute forme de discrimination à l'égard des femmes, portant sur l'élimination des pratiques ou attitudes traditionnelles, religieuses qui nuisent aux droits de la femme et de l'enfant »[104].

---

[103] CADH, Association pour le procès et la défense des droits des femmes maliennes (APDF) et Institute for human rights and development in africa (IHRDA) c. / République du Mali, Requête n° 046/2016, arrêt du 11 mai 2018.

[104]*Idem*

97. Cet arrêt est d'une importance capitale. La Cour africaine en rendant cette décision n'entend pas admettre la question culturelle ou religieuse comme élément dérogatoire à l'application du droit international des droits de l'homme. C'est pour cette raison que cet arrêt constitue une affirmation de la conventionalité comme seul mode d'expression juridique de l'État. La démarche du juge africain sonne le glas de « l'imperméabilité des contraintes sociales »[105].

98. Une question se pose : les autres juges auront-ils le courage de suivre cette prouesse décision du tribunal de la commune III et de s'aligner sur la position de la Cour africaine des droits de l'homme et des peuples ? Pas si évident. N'importe quel juge du fond qui refuse de suivre cette logique jurisprudentielle se résolve de sa mission fondamentale d'appliquer la règle de droit. Les décisions des juridictions inférieures qui refuseront d'écarter le droit religieux et le droit coutumier incompatibles avec la constitution doivent être censurées par la Cour suprême. Néanmoins, cet espoir n'est point permis aujourd'hui, car la Cour suprême elle-même se met dans une posture de violation de la constitution[106]. Un revirement jurisprudentiel est indispensable. Mais cela n'est possible que si la Cour suprême comprenne les conséquences néfastes de l'article 751 du code des personnes et de la famille. En acceptant un tel revirement, la Cour suprême aura résolu l'injustice successorale qui depuis longtemps demeure. En attendant la relecture du code des personnes et de la famille, la Cour suprême doit prendre ses responsabilités pour faire cesser l'injustice successorale. De ce fait, elle incitera peut-être une rapide relecture du code.

99. Le choix d'une loi étrangère n'est pas sans soulever des difficultés. Cette analyse soulève d'autres questions. Comment régler la succession d'une personne (un homme marié à plusieurs femmes, par exemple) qui aurait choisi une législation étrangère

---

[105] M. B. DEMBELE, Une ultime relecture du code des personnes et de la famille : Le Mali condamné ! A propos de l'arrêt du 11 mai 2018 rendu par la Cour Africaine des Droits de l'Homme et des peuples, communication au colloque international au Luxembourg septembre 2018.

[106] CSM, Civ, 18 novembre 2002, arrêt n°226, Kola Amadou c/ Bouréima GALO BAH, arrêt précité.

incompatible à sa situation ? Quelle doit être l'attitude du juge saisi de cette affaire ? Une législation inadaptée choisie par le *de cujus*, le juge pourra-t-il décider autrement ? L'article 751 *in fine* fait obstacle, car il interdit de déroger au mode de dévolution retenu. Le juge pourra-t-il faire des ajustements pour adapter à cette situation ? Ces ajustements risquent de constituer une dénaturation de la loi étrangère. Le juge ne peut statuer ni *infra petita*, ni *ultra petita*[107]. Le législateur en ouvrant droit aux Maliens de choisir une législation étrangère pour régir leurs successions se met dans une posture d'incompatibilité avec la constitution. Il appartient à la loi de fixer les règles relatives aux successions[108]. Là où règne l'injustice, les concepts fondamentaux de l'État de droit s'effondrent incontestablement.

Paragraphe 2 : La négation des concepts fondamentaux de l'État de droit

100. Les concepts fondamentaux dont il est question sont la liberté et l'égalité. Les statuts successoraux imposés aux Maliens sont difficilement compatibles avec les principes de l'État de droit. C'est le cas notamment du droit musulman des successions, des coutumes locales ou encore la volonté exprimée autrement. Celle-ci reste indéfinie. Le code porte la marque des coups de force de la religion et des coutumes.

1°) L'égalité successorale rompue

101. « Le rôle du droit est de régler le moins mal possible les situations difficiles – les crises et les drames – le bon droit est alors celui qui les prévient et les apaise. Le mauvais droit celui qui les suscite ou les attise »[109]. La protection de l'égalité successorale constitue une rupture entre exigences islamiques et celles républicaines (étatiques). Les valeurs fondamentales qui font l'essence même de la République du Mali ne doivent jamais

---

[107] Article 5 du Décret n° 99-254/P-RM du 11 septembre 1999 portant code de procédure civile commerciale et sociale.

[108] Article 70 de la constitution malienne du 25 février 1992.

[109] N-C NDOKO, op. cit, page 97.

être négociables. Or il est évident que l'islam est porteur des valeurs qui se présentent comme inflexibles à se fondre dans les valeurs républicaines[110]. Le droit musulman des successions présente plusieurs particularités notamment : le rejet de l'enfant naturel et adultérin de la succession de son père ; l'inégalité de traitement entre héritiers masculins et féminins. Une telle inégalité en matière de partage des successions est une prescription du Coran. Laquelle injustice successorale ou supposée comme telle s'accommode très difficilement avec les développements les plus récents des droits fondamentaux. Si, en matière successorale une régression de la protection de l'égalité existe, en revanche, dans le domaine du mariage on constate, selon Kamena « une prise en compte importante des valeurs sociales internationales par la consécration de l'égalité »[111].

102. Pourtant, certaines législations de tradition musulmane rangent les principes du droit musulman à la troisième place dans la hiérarchie des sources du droit[112]. Le législateur irakien accorde aux femmes les mêmes droits successoraux que les hommes. Ce législateur fait valoir que les règles coraniques successorales n'étaient que de simples recommandations, n'imposant nullement entre les sexes dans les successions, que dès lors on peut les écarter[113]. Finalement, le caractère immuable du droit successoral musulman est une question d'interprétation. Ce droit que le législateur aussi bien que le juge malien (excepté le tribunal de la commune III dans le jugement précité) n'arrive pas à se départir.

---

[110] Khomeiny l'a formulé sans ambigüité : « Gouverner le monde est le but de l'islam. » Cette déclaration pourrait être confirmée par tous ceux qui connaissent l'islam. Bassam Tibi, orientaliste et homme scientifique germano-syrien ajoutait : « Partout, où vivent des musulmans, l'Islam se proclame l'unique propriétaire légitime (les avis dissidents ne sont pas valides). »

[111] B. KAMENA, Les innovations apportées par le projet de code des personnes et de la famille au droit malien : quelques exemples à propos du mariage, in Revue pluridisciplinaire de l'Université Gaston Berger de Saint-Louis, Sénégal, n°21, juin 2011, pp 241-260, page 254.

[112] C'est le cas du code civil égyptien de 1948 et le code civil irakien de 1951. Cf. L. HAMDAN, Les difficultés de codification du droit de la famille algérien, in Revue internationale de droit comparé. Vol 37, n°4, Octobre-décembre 1985. pp. 1001-1015, page 1004.

[113] *Idem*

103. Il arrive même lorsque les héritiers acceptent unanimement le partage égalitaire, le juge refuse souvent et applique le droit successoral musulman. La Cour d'appel de Bamako dans un arrêt rendu le 18 avril 2007[114] contredit le jugement[115] passé en force de chose jugée dans lequel les héritiers conviennent un partage égalitaire de l'héritage. Au soutien de leur défense les héritiers évoquaient deux instruments juridiques : d'une part, l'article 2 de la constitution du 25 février 1992 qui proclame l'égalité et interdit toute forme de discrimination ; d'autre part, les instruments juridiques internationaux ratifiés par le Mali. Malgré, la Cour d'appel a rejeté le mode de partage égalitaire au motif que le Mali n'a pas encore procédé à une harmonisation avec les instruments juridiques internationaux. Que pour leur application les instruments juridiques internationaux doivent être ratifiés et insérés dans le droit interne national. Qu'en l'état le droit applicable en matière successorale est et demeure la coutume des parties, celle musulmane. La position de la Cour d'appel est une méconnaissance certaine des instruments juridiques ratifiés par le Mali, mais aussi l'article 116 de la constitution malienne. Les traités et accords internationaux dont les parties se prévalaient étaient déjà régulièrement ratifiés et entrés en vigueur antérieurement à la décision de la Cour d'appel[116]. Heureusement la Cour suprême du Mali casse et annule cette décision de la Cour d'appel[117]. Elle renvoie les parties devant la même Cour d'appel. Cependant, le motif de censure de la Cour suprême ne portait pas

[114] CAB, 18 avril 2007, arrêt n°201, S. F. B et O. S. et autres c/ D. N. S.

[115] TPI CIII, 30 mars 2000, jument n° 63, S. F. B et O. S. et autres c/ D. N. S.

[116] La Déclaration universelle des droits de l'homme du 10 décembre 1948. Le Pacte international relatif aux droits civiques et politiques (1966) entré en vigueur en 1976, ratifié le 16 juillet 1974. Le Protocole facultatif n°1 se rapportant au pacte international relatif aux droits civils et politiques, ratifié le 24 octobre 2001. La Convention pour l'élimination de toutes les formes de discrimination à l'égard des femmes (1979), entrée en vigueur en 1981, ratifiée le 10 septembre 1985. La Charte africaine des droits de l'homme et des peuples adoptée par la conférence des chefs d'État de l'OUA (1981) entrée en vigueur en 1986, ratifié le 21décembre 1981.

[117] CSM, civ. 1ère, 02 juin 2008, arrêt n°160 S. F. B et O. S. et autres c/ D. N. S.

sur l'application du droit musulman, mais plutôt le refus de la Cour d'appel de respecter la volonté des parties (acceptation de partage égalitaire). C'est dire que le droit musulman s'appliquait et continue à régir la plupart des successions au Mali.

2°) La liberté successorale confisquée

104. L'adoption du pluralisme juridique au Mali est le résultat de l'impossibilité d'aller vers une législation prévoyant un régime successoral unique applicable à l'ensemble des citoyens. Ce pluralisme qui se particularise par la prise en compte des différentes références identitaires, devrait logiquement s'accompagner du libre choix d'un régime. La liberté, droit fondamental est l'essence de l'État de droit. Elle demeure la règle en toute hypothèse y compris le domaine successoral. Les États ayant un régime successoral unique laisse une place à la volonté des citoyens en permettant la dévolution testamentaire. La liberté est limitée dès lors que son exercice risque de porter atteinte à celle des autres, article 4 de la Déclaration universelle des droits de l'homme et du citoyen[118].

105. Le législateur malien, lors de l'adoption du CPF, s'est plié face aux pressions des personnes de confession musulmane. Pourtant, son homologue sénégalais a fait un pas en avant en faisant fi de plusieurs revendications des musulmans lors de la rédaction de son code de la famille. Dans un document de 10 pages, les marabouts marquèrent nettement leur hostilité au projet du code des personnes et de famille du Sénégal qui aurait bafoué les principes coraniques « Pour nous, musulmans, écrivent-ils, nous nous devons de souligner que l'islam est régi depuis plus de 13 siècles par le Coran, Constitution suprême, qui a tout prévu et n'a rien omis en matière de mariage, divorce, succession et autres actes touchant à la société. Ses prescriptions immuables et irréfragables sont respectées et appliquées à travers le monde, sans la moindre modification, par tous les érudits et

---

[118] L'article 4 de la Déclaration universelle des droits de l'homme et du citoyen dispose que : « La liberté consiste à pouvoir faire tout ce qui ne nuit pas à autrui : ainsi, l'exercice des droits naturels de chaque homme n'a de bornes que celles qui assurent aux autres membres de la société la jouissance de ces mêmes droits. Ces bornes ne peuvent être déterminées que par la loi. »

tous les gouvernements qui ont été institués. Nous nous étonnons de voir maintenant, qu'au Sénégal, on veuille y apporter des « innovations » pour ne pas dire des entorses, alors que la colonisation avait admis le Code musulman et créé des juridictions spécialisées pour les islamisés »[119]. Le code des successions de 2011 devrait mettre fin aux situations permissives et résoudre les difficultés ponctuelles posées par l'inexistence de la loi sur les successions. C'est dans ce sens que le législateur du CPF aurait dû œuvrer. Il aurait dû aussi s'imprégner des expériences de certains législateurs africains.

[119] A. S. SIDIBE, op. cit p. 39.

Partie II. La portée limitée du statut successoral du droit commun

106. Les successions restaient l'une des rares matières qui n'avaient pas encore fait l'objet d'une règlementation par le législateur malien depuis 1960[120], date de l'indépendance. Cette tardivité peut s'expliquer par deux raisons essentielles : d'une part, la prudence d'une législation hâtive dont le législateur avait voulu se garder ; d'autre part, le caractère très sensible de la matière car fortement lié aux aspects religieux et culturels[121]. Car « la famille est tout aussi bien un phénomène de mœurs qu'un phénomène de droit »[122]. Dans sa tâche de codification des règles successorales, le législateur malien bénéficiait alors d'un avantage non négligeable. Avantage relatif justement au retard accusé car, avant 2011 plusieurs États africains avaient déjà légiféré dans ce domaine[123]. Ainsi, les différentes règlementations lui servaient de repère. Ce constat pourrait être

---

[120] Les matières qui étaient règlementées sont : la loi n°62-17 / AN-RM du 03 février 1962 portant code du mariage et de la tutelle ; l'Ordonnance n°26 du 10 mars complétant la loi n°62-17 / AN-RM du 03 février 1962 portant code du mariage et de la tutelle ; l'Ordonnance n°73-036 du 31 juillet 1973 portant code de la parenté, la loi n°89-06 / AN-RM du 18 janvier 1989 relative au changement de nom de famille ; la loi n°06-024 / AN-RM du 28 juin 2006 régissant l'état civil et la loi n°62-18 / AN-RM du 03 février 1962 portant code de la nationalité modifiée par la loi n°95-70 / AN-RM du 25 Août 1995.

[121] Néanmoins, le caractère sensible d'une matière et le risque d'une législation hâtive ne justifient nullement ce retard de soixante (60) ans.

[122] N-C NDOKO, Les manquements au droit de la famille en Afrique Noire, in Revue internationale de droit comparé, vol. 43 n°1, Janvier-mars 1991. pp. 87-104, page 97.

[123] Pour le Sénégal, la loi n° 72-61 du 12 juin 1972 portant Code de la famille ; Pour le Burkina, voir Zatu an VII 13 du 16 novembre 1989 portant institution et application d'un code des personnes et de la famille au Burkina Faso ; La République démocratique du Congo, la loi N° 87.010 DU 1er Août 1987 Portant code de la famille.

fait à travers les références des droits fondamentaux dans le code des successions. Ces avancées ne sont que lueurs d'espoir car l'article 751 constitue une difficulté d'application du régime successoral du droit commun, favorable au respect des règles universellement acceptées. De ce fait, le régime de droit commun n'a qu'une portée limitée du point de vue application. Cette analyse a été faite à la partie 1 de l'ouvrage, il est alors inutile de revenir. L'objectif ici est de présenter le contenu du statut du droit commun.

107. En raison des avancées majeures du statut de droit commun des successions en termes de prise en charge des droits humains, nous trouvons une nécessité de l'analyser. Cette analyse pour garder une scientificité, s'appuiera sur la doctrine et la jurisprudence pour mieux appréhender la dévolution (Chapitre 1) et les suites de cette dévolution successorale (Chapitre 2).

Chapitre 1. La dévolution de la succession

108. « Les hommes meurent, le patrimoine demeure », a-t-on accoutumé de dire. Le patrimoine survit à son titulaire, d'où la nécessité de le transmettre à qui de droit. La dévolution successorale consiste à déterminer les personnes appelées à la succession et l'ordre dans lequel, elles devront se présenter. Cette dévolution peut résulter d'un testament ou d'une disposition légale[124]. Le système de dévolution légale retenue au Mali, cela a été largement analysé, est le pluralisme juridique qui autorise toutes les pratiques identitaires au côté d'un droit commun. Chaque statut successoral dispose son propre mode de dévolution. Nous portons notre réflexion sur la dévolution successorale de droit commun.

109. Le régime successoral de droit commun des successions constituait une avancée indiscutable sur le plan juridique, social et économique. La codification des règles successorales est une victoire, compte tenu de l'importance de la matière et les résistances farouches qu'elle avait subies. De l'indépendance à 2011 plusieurs tentatives de codification ont échoué[125]. Les principales raisons de cet échec sont effectivement liées à la diversité culturelle. Finalement, le 2 décembre 201, l'Assemblée Nationale votait ce code qui est entré en vigueur le 30 décembre 2011. Ce code prévoit un régime successoral de droit commun qui détermine les conditions de la dévolution successorale (Section 1) et les héritiers (Section 2).

Section 1. Les conditions de la dévolution successorale

110. La succession est un mode d'acquisition de la propriété à cause de mort. La dévolution de droit commun des successions

---

[124] CORNU (G.), Vocabulaire juridique, op. cit., p. 307

[125] V° Partie introductive

est soumise à des conditions préalables, déterminées par les articles 752 à 768 du code des personnes et de la famille (Paragraphe 1). Ces conditions réalisées, l'héritier dispose d'un droit d'option, celui d'accepter ou de répudier la succession (Paragraphe 2).

Paragraphe 1. Les conditions préalables

111. Les sept articles du titre II du livre VII du code des personnes et de la famille organisent deux modèles successoraux concevables : le principe d'une succession publique et celui d'une succession privée[126]. À l'instar des autres régimes successoraux, celui du droit commun des successions exige deux conditions préalables pour succéder : une succession ouverte (1°) et une qualité pour succéder (2°).

1°) L'ouverture des successions

112. La succession ne concerne que les personnes physiques. Elle s'ouvre à partir du moment où la personnalité juridique prend fin[127]. Le titre II du livre VII du code des personnes et de la famille porte le titre « De l'ouverture des successions et de la saisine des héritiers ». Il est consacré 8 articles à cet effet. La succession s'ouvre pour certaines causes et certains moments. Il est vrai que le législateur du code des personnes et de la famille évoque des règles[128] au titre consacré à l'ouverture des

---

[126] Pour plus de détails sur les divers modèles successoraux concevables Voir M. GRIMALDI, op. cit., pp. 21 et suivants. Cet auteur définit la succession publique comme la dévolution des biens du défunt à la collectivité (l'État), tandis que la succession privée est celle dont les biens du *de cujus* sont dévolus à certains individus. Pour les justifications des successions publique, privée et testamentaire lire les pages 22 à 53 du même ouvrage.

[127] Le droit distingue les personnes physiques des personnes morales. Pour les personnes morales, le droit applicable est un droit communautaire : l'Acte uniforme portant organisation des procédures collectives d'apurement du passif adopté, le 10/09/2015 à Grand-Bassam entré en vigueur le 24/12/2015. Cet acte uniforme organise les procédures de sauvetage de l'entreprise mais également la liquidation des biens.

[128] Article 753 du CPF « Les parents du défunt au même degré ont les mêmes droits. Ils succèdent par égale portion et par tête. » Article 756 « La

successions qui en réalité font partie des règles de la dévolution. Néanmoins, le rappel préalable desquelles règles est important car, elles garantissent dans ce régime l'égalité successorale et la position de l'État en l'absence d'héritier.

113. Les causes d'ouverture des successions. L'article 752 du code des personnes et de la famille dispose : « La succession s'ouvre au dernier domicile du défunt par le décès ou par la déclaration judiciaire du décès. » Le décès est constaté par un acte. Il est ouvert un registre de décès dans les localités spécifiées par le code des personnes et de la famille[129]. La preuve du décès est établie par l'acte de décès. Il n'y a pas de possibilité d'ouvrir la succession du régime de droit commun sans rapporter l'acte de décès ou le jugement déclaratif de décès. Cet acte permettra au tribunal de s'assurer et de rendre le jugement d'hérédité.

114. En analysant l'article 752 du code des personnes et de la famille, celui-ci n'admet que le décès comme cause d'ouverture de la succession[130]. La loi distingue deux types de décès, le décès réel et le décès judiciairement déclaré suite à deux situations : l'absence[131] et la disparition[132]. En effet, la déclaration judiciaire

---

succession est dévolue aux parents et aux conjoints successibles du défunt dans les conditions définies par le présent code. »

[129] Article 84 et suivants du code des personnes et de la famille.

[130] Il existait en France la mort civile qui a été abolie le 31 mai 1854. Elle est la « cessation de toute participation aux droits civils ». Elle consiste en l'extinction légalement prononcée, pour une personne de sa personnalité juridique, ce qui emporte une privation générale des droits. La personne est réputée ne plus exister, bien qu'elle soit vivante physiquement.

[131] L'absent est défini par l'article 61 du code des personnes et de la famille ainsi qu'il suit : « Lorsqu'une personne a cessé de paraître à son domicile et à sa résidence sans que l'on en ait eu de nouvelles depuis plus de 3 ans… » Le tribunal peut constater la présomption d'absence au bout de 2 ans à compter du dépôt de la requête (Article 66 du CPF). Si le présumé absent ne reparaît pas 3 ans après le jugement de présomption d'absence, la déclaration d'absence peut être prononcée, lorsqu'il sera écoulé 10 ans depuis le jugement de présomption d'absence (article 68 du code précité). Le code distingue deux situations s'agissant de l'absent : la présomption d'absence et la déclaration d'absence. Seule la personne dont la déclaration d'absence est prononcée entraîne l'ouverture de sa succession. Pour cela, il faut qu'il y ait transcription de ce jugement. L'absence est règlementée à partir de l'article 61 à 75 du CPF).

[132] La disparition (article 76 à 83) est la personne qui a cessé de paraître à son domicile ou à sa résidence suite à des circonstances de nature à mettre sa vie en danger, alors que son corps n'a pu être retrouvé.

d'absence et celle de la disparition entraînent les mêmes conséquences que le décès. Néanmoins, il s'agit dans les deux cas d'une situation provisoire, l'absent ou le disparu peut réapparaître. Dans ce cas, le code prévoit une procédure d'annulation du jugement déclaratif d'absence. Le Procureur ou toute personne intéressée peut initier une telle procédure[133]. L'absent dont l'existence est judiciairement constatée recouvre ses biens et ceux qu'il aurait dû recueillir dans l'état où ils se trouvent. Il recouvre également le prix de ceux qui ont été aliénés et les biens acquis en emploi des capitaux ou des revenus échus à son profit[134]. Néanmoins, le mariage reste dissout même lorsqu'il y a eu annulation du jugement déclaratif d'absence[135]. Les conséquences de la réapparition de l'absent sont identiques à celles du disparu qui réapparaît[136]. Au niveau de la Cour suprême, nous n'avons pas trouvé des décisions relatives à l'absence et la disparition.

115. La succession s'ouvre à une date qui correspond à celle du décès ou du jugement déclaratif du décès en cas d'absence ou de disparition. Le lieu de l'ouverture est le dernier domicile du défunt[137]. La date du décès est d'une importance capitale. Elle permet de déterminer la loi applicable. Cette position ne semble pas être partagée par la Cour suprême, qui dans un arrêt affirme :

> « Attendu qu'il ne ressort nulle part que la date du décès détermine la règle de droit applicable ; que dès lors, on ne peut arguer de cela pour invoquer l'article 2 du code civil disposant que : « … la loi ne dispose que pour l'avenir ; elle n'a point d'effet rétroactif… » ; Que par ailleurs si l'article 752 dispose que « la succession est ouverte au dernier domicile du défunt par le décès ou… », nulle part il n'est fixée une date à partir de laquelle le partage de la succession doit se faire ; Que ce qui précède, il y a lieu de dire qu'il est opportun d'invoquer l'article

---

133 Article 72 CPF

134 Article 73 CPF

135 Article 75 du CPF

136 Article 85 du CPF

137 Article 752, du CPF

2 du Code civil pour rejeter l'application de certaines dispositions du CPF ; que ce moyen est pertinent et peut être accueilli pour la cassation... »[138].

116. Par cette décision, la Cour suprême ne tire pas les conséquences de l'ouverture de la succession. Il est évident que le Code des personnes et de la famille ne prévoit pas une date du partage de la succession. Mais lorsque l'on se place du point de vue de la date d'ouverture de la succession, c'est à partir de cette date que l'indivision successorale est constituée. En application de la règle suivant laquelle nul n'est tenu de demeurer dans l'indivision, le partage pourrait alors être demandé à tout moment, d'où son caractère précaire Ainsi, si le décès entraine les conséquences, celles-ci ne sont déterminées qu'à compter de sa date. Les conséquences ci-après découlent de la date d'ouverture de la succession :

- ✓ l'ouverture de la succession ;
- ✓ la détermination des successibles;
- ✓ la constitution de l'indivision successorale ;
- ✓ la détermination de la règle de droit applicable.

117. La décision ci-dessus rendue par la Cour suprême est cependant curieuse. Si la date d'ouverture de la succession ne détermine pas la loi applicable, qu'est-ce qui détermine alors cette loi ? Qu'il soit écrit ou pas, il est incontestable que pour connaître la loi applicable à une succession, il est indispensable de se placer au jour de son ouverture. Ainsi, le jour et l'heure du décès sont indispensables dans la détermination de la loi applicable. À supposer qu'une personne décède à 23 heures. Au moment du décès est en vigueur la loi X qui règle les successions. À zéro heure, soit une heure après le décès, une loi nouvelle Y entre en vigueur. Laquelle des deux lois s'applique. En vertu de la non-rétroactivité de la loi, dans le cas d'espèce, la loi applicable à la succession de ce défunt est celle de la loi X. Car au moment du décès, la loi en vigueur était la loi X. La Cour

[138] CSM, civ. 1ère, 19 septembre 2016, préc.

suprême aurait dû se fonder sur le principe de la non-rétroactivité de la loi pour déterminer la loi applicable à ladite succession. Au lieu de dire qu'il ne ressort nulle part que la date du décès détermine la loi applicable. En invoquant l'article 2 du Code civil français, elle devrait trouver le fondement juridique de la loi applicable à la succession d'une personne qui vient de décéder. Une fois encore la Cour suprême a manqué une occasion de résoudre le problème de la détermination de la loi applicable à une succession ouverte.

118. Un autre raisonnement est possible pour justifier la position de la Cour suprême. C'est peut-être le caractère immuable du droit musulman qui a poussé la Cour suprême à affirmer qu'il ne ressort nulle part que la date du décès détermine la loi applicable. Ce point de vue est une possibilité. En effet, les règles successorales musulmanes semblent être intangibles. « Elles ne sont pas soumises à des principes généraux, ayant vocation à s'appliquer faute d'une solution précise prévue par la loi »[139]. Par conséquence, il n'y a pas lieu de chercher à savoir qu'elle est la loi applicable à la succession d'un défunt de confession musulmane.

119. Le code des personnes et de la famille détermine également le cas des comourants. Lorsque plusieurs personnes appelées à la succession, l'une de l'autre, périssent dans un même événement ou dans des évènements concomitants sans que l'ordre des décès soit connu, le plus jeune est censé avoir survécu au plus âgé[140]. La théorie des comourants est une situation pour faire face à l'impossibilité d'établir l'ordre du décès. Il s'agit là d'une présomption de mort simultanée qui est décriée en doctrine[141] et abandonnée par le législateur français[142].

---

[139] I. NAJJAR, Les principes généraux du droit successoral comparé, qu'est-ce qu'un principe général du droit successoral ? *Op. cit.* p. 2

[140] Article 754 du code des personnes et de la famille

[141] A. Lucas, « Une théorie moribonde : la théorie des comourants », JCP N 1977.I.163, n°41 p.171.

[142] Article 725-1 du code civil français : « Lorsque deux personnes, dont l'une avait vocation à succéder à l'autre, périssent dans un même événement, l'ordre des décès est établi par tous moyens. Si cet ordre ne peut être déterminé, la succession de chacune d'elles est dévolue sans que l'autre y soit appelée. Toutefois, si l'un des codécédés laisse des descendants, ceux-ci peuvent représenter leur auteur dans la succession de l'autre lorsque la représentation

120. Le code des personnes et de la famille détermine également le lieu d'ouverture de la succession qui est le dernier domicile. Du point du droit processuel, ceci est important, car c'est le lieu d'ouverture qui détermine la juridiction territorialement compétente[143]. Cette juridiction connaîtra toutes les actions des héritiers dès l'ouverture de la succession jusqu'au partage et après celui-ci. Cette juridiction est aussi compétence en matière de pétition d'hérédité[144] qui se prescrit conformément au délai de droit commun qui est de 20 ans[145]. A défaut d'héritier les biens passent à l'État[146]. Dans tous les cas, il faut se placer de la date du décès pour apprécier les qualités pour succéder.

2°) Les qualités pour succéder

121. Le titre III définit les qualités requises pour pouvoir succéder. Dix (10) articles sont consacrés à cette fin. Aussi, le présumé absent peut succéder, contrairement de celui dont l'absence est déclarée[147]. La qualité d'héritier s'établit par tous

---

est admise. » Loi n° 2001-1135 du 3 décembre 2001 – art 19 JORF du 4 décembre 2001 en vigueur le 1er juillet 2002.

143 Les litiges relatifs aux successions sont de la compétence des Tribunaux de droit commun (TPI et JPCE). En 2011 trois textes sont adoptés portant réforme de la justice au Mali. Ces textes sont : la loi n° 11 – 038 AN – RM du 15 juillet 2011 portant création des juridictions ; la loi n° 11 – 037 AN – RM du 15 juillet 2011 portant organisation des juridictions et le Décret n° 11 – 580 AN – RM du 13 septembre 2011 fixant le ressort des juridictions et déterminant le parquet général d'attache des parquets des tribunaux de grande instance et des parquets des tribunaux d'instance. Il alors prévu la substitution des Tribunaux de première instance par les Tribunaux de grande instance et les Justices de paix à compétence étendue par les Tribunaux d'instance. Ces trois textes sont en vigueurs mais ne sont pas encore effectifs.

144 L'action en pétition d'hérédité est une action offerte aux héritiers leur permettant de rentrer en possession des biens du défunt qui leur reviennent de droit, en vertu de la loi ou d'une disposition pour cause de mort, lorsque ceux-ci sont possédés par un tiers.

145 L'article 758 du code des personnes et de la famille fait un renvoi à l'article 254 de la loi n°87-31 / AN-RM du 29 Août 1987 fixant le Régime Général des Obligations. Cet article dispose que : « Sauf dispositions contraires de la loi, le délai de la prescription extinctive de droit commun est de vingt ans. »

146 Article 756 du code des personnes et de la famille

147 La déclaration d'indignité est de la compétence du Tribunal.

moyens[148]. A noter également que si l'absent réapparaissait, il recouvre sa qualité de successible pour agir en pétition d'hérédité dans un délai de 20 ans.

122. Première qualité pour succéder : l'existence, une condition nécessaire. Pour succéder, il faut exister au jour de l'ouverture de la succession. Ceci exclut, les personnes qui n'existent pas ou n'existent plus à cet instant. Par rapport aux premières catégories de personnes, le code des personnes et de la famille règle la question de l'enfant conçu. Celui qui n'est pas encore conçu ne succède pas. En revanche, l'enfant qui était conçu mais qui n'est pas encore né est apte à succéder, pourvu qu'il naisse vivant et viable[149]. C'est la consécration de l'adage énonçant que l'enfant conçu est considéré comme né chaque fois qu'il y va de son intérêt « *infans conceptus pro nato habetur, quoties de commodis ejus agitur.* » Un adage légalisé par l'article 448 du code des personnes et de la famille. En effet, la loi présume que l'enfant a été conçu pendant la période qui s'étend du 300ème au 180ème jour, inclusivement, avant la date de sa naissance. La conception est présumée avoir eu lieu à un moment quelconque de cette période suivant ce qui est demandé dans l'intérêt de l'enfant. La preuve contraire est recevable contre ces présomptions[150].

123. Deuxième qualité pour succéder : l'absence d'une cause d'indignité, une condition suffisante. Pour succéder au défunt, il ne suffit pas d'exister à l'instant de l'ouverture de la succession, encore faudrait-il ne pas être frappé d'une cause d'indignité[151]

---

148 Article 762 du CPF.

149 Article 759 du CPF précise que : « Pour succéder au défunt, il faut exister à l'instant de l'ouverture de la succession, ou, ayant déjà été conçu, naître viable. »

150 Article 449 du code des personnes et de la famille

151 L'indignité est traitée par les articles 763 à 768 du code des personnes et de la famille.

non pardonnée[152]. L'indignité est de plein droit[153] ou facultative[154].

124. L'indignité successorale est une peine civile privant une personne de la possibilité de recueillir une succession en raison de certaines fautes graves commises par celle-ci à l'encontre du *de cujus*. C'est une sanction par laquelle, la loi ou le juge écarte un héritier de la succession. L'indignité successorale n'est ni l'ingratitude, ni l'incapacité. L'ingratitude est une cause de révocation des donations[155] qui ne peut jamais être de droit[156]. L'indignité et l'ingratitude sont deux cas d'inéligibilité d'acquisition à titre gratuit des biens.

125. Être indigne ne signifie pas que l'on est incapable de recevoir une succession. La capacité requise pour succéder est la capacité de jouissance et non d'exercice. Pour cela, il suffit d'être simplement conçu au moment de l'ouverture de la succession et naître viable.

126. Le code des personnes et de la famille prévoit 3 cas d'indignité obligatoires ou de droit : - celui qui est condamné comme auteur ou complice, à une peine criminelle pour avoir volontairement donné ou tenté de donner la mort au défunt ; - celui qui est condamné comme auteur ou complice, à une peine criminelle pour avoir volontairement porté des coups ou commis des violences ou voies de fait ayant entraîné la mort du défunt ; - celui qui a eu, ou tenté d'avoir une relation sexuelle avec une épouse de son père. Dans les 2 premiers cas d'indignité, le législateur exige une condamnation judiciaire, tandis que dans le dernier cas cette condamnation n'est pas une exigence. Cette attitude est tout à fait normale, car l'acte bien qu'il soit immoral ne constitue pas forcément une infraction pénale pour l'indigne.

---

[152] L'article 766 du code des personnes et de la famille prévoit que l'indigne peut être pardonné par une déclaration expresse de volonté du *de cujus* de son vivant en la forme testamentaire qu'il entend le maintenir dans ses droits héréditaires.

[153] L'article 763 du code des personnes et de la famille.

[154] L'article 764 du code des personnes et de la famille.

[155] L'article 1010 du code des personnes et de la famille dispose que : « La donation entre vifs ne peut être révoquée que pour cause d'inexécution des conditions sous lesquelles elle a été faite, pour cause d'ingratitude, et pour cause de survenance d'enfants. »

[156] Article 1013 du code des personnes et de la famille

Mais, pour être déclaré indigne pour ce chef, il faut que le juge soit convaincu de la matérialité de ce fait. Dès lors que cette matérialité établie, l'exclusion de la succession est automatique. Le juge n'a pas d'autre choix. Les cas d'appréciation du juge est l'indignité facultative dont le législateur prévoit 6 cas.

127. Les cas d'indignité facultatifs sont les suivants : - celui qui est condamné comme auteur ou complice, à une peine correctionnelle pour avoir volontairement donné ou tenté de donner la mort au défunt ; - celui qui est condamné comme auteur ou complice à une peine correctionnelle pour avoir volontairement commis des violences ayant entraîné la mort du défunt sans intention de la donner ; - celui qui est condamné pour témoignage mensonger porté contre le défunt dans une procédure criminelle ; - celui qui est condamné pour s'être volontairement abstenu d'empêcher soit un crime, soit un délit contre l'intégrité corporelle du défunt d'où il est résulté la mort, alors qu'il pouvait le faire sans risque pour lui ou pour les tiers ; - celui qui est condamné pour dénonciation calomnieuse contre le défunt lorsque, pour les faits dénoncés, une peine criminelle était encourue ; - celui qui a commis les actes mentionnés à l'article précédent et à l'égard duquel, en raison de son décès, l'action publique n'a pu être exercée ou s'est éteinte.

128. L'analyse des différents cas d'indignité, le législateur mentionne la tentative, ce qui nous semble une redondance, car la tentative des différentes infractions visées équivaut à leur consommation[157]. Il s'agit alors d'une précision de trop. L'indignité n'a aucun effet sur les libéralités universelles ou à titre universel[158]. L'indigne est exclu de la succession[159], mais pas ses propres héritiers qui viennent par représentation ou de leur

[157] L'article de la loi n°01-079 AN-RM du 20 août 2001 portant code pénal dispose que : « Toute tentative de crime, manifestée par un commencement d'exécution et suspendue ou n'ayant manqué son effet que par des circonstances indépendantes de la volonté de son auteur, est considérée comme le crime lui-même. Les tentatives de délit ne sont considérées comme délits que dans les cas déterminés par une disposition spéciale de la loi. »

[158] Article 766 *in fine* du CPF

[159] Article 767 du CPF

chef[160]. L'héritier remplissant les conditions requises pour succéder dispose d'un droit d'option.

Paragraphe 2 : L'option des successibles

129. L'option des successibles est la faculté reconnue à un potentiel héritier d'accepter ou de renoncer à la succession qui lui est échue. Cette option présente trois caractéristiques : elle est indivisible[161], rétroactive[162] et elle peut être provoquée[163]. L'acceptation de la succession permettra à l'héritier d'acquérir cette qualité. Ainsi, avant cette manifestation de volonté, il est qualifié de successible parce que susceptible de succéder au *de cujus*. C'est parce qu'une succession n'est alors pas systématiquement imposée aux potentiels héritiers. Les différentes options sont alternatives et exclusives l'une de l'autre. Ainsi, les héritiers disposent de la possibilité d'accepter (1°) ou de renoncer à la succession (2°).

1°) L'acceptation de la succession

130. Le législateur prévoit deux types d'acceptation : l'acceptation pure et simple et celle qui se manifeste sous bénéfice d'inventaire ou en concurrence de l'actif net[164].

131. L'acceptation pure et simple est un mécanisme par lequel, un héritier s'engage de manière irrévocable et définitive

---

[160] Article 768 du CPF

[161] L'indivisibilité de l'option renvoie à l'impossibilité de faire un choix entre l'actif et le passif de la succession.

[162] Les effets de l'option remontent au jour de l'ouverture de la succession qu'il s'agit de l'acception, de l'acception sous bénéfice d'inventaire ou la renonciation.

[163] L'article 822 dispose : « La faculté d'accepter ou de répudier une succession se prescrit par le laps de temps requis pour la prescription la plus longue des droits immobiliers. » L'article 823 ajoute : « Tant que la prescription du droit d'accepter n'est pas acquise contre les héritiers qui ont renoncé, ils ont la faculté d'accepter encore la succession, si elle n'a pas été déjà acceptée par d'autres héritiers ; sans préjudice néanmoins des droits qui peuvent être acquis à des tiers sur les biens de la succession, soit par prescription, soit par actes valablement faits avec le curateur à la succession vacante. »

[164] Article 808 du CPF

de recevoir le patrimoine du défunt. Cet engagement est volontaire sauf en cas de recel d'un bien de la succession. Une hypothèse d'acceptation forcée de la succession est prévue à cet effet par l'article 825 du code des personnes et de la famille en ces termes : « Les héritiers qui auraient diverti ou recélé des effets d'une succession, sont déchus de la faculté d'y renoncer. Ils demeurent héritiers purs et simples, nonobstant leur renonciation, sans pouvoir prétendre à aucune part dans les objets divertis ou recélés. »

132. En raison de l'unicité du patrimoine, l'engagement porte sur l'ensemble de l'actif et du passif. L'héritier peut s'engager expressément ou tacitement. L'acceptation pure et simple est le mode normal, car conforme au principe de la continuation de la personnalité. Si l'acceptation est expresse, un acte authentique ou sous seing privé est nécessaire[165]. Cette forme d'approbation de la succession est très peu utilisée. En revanche, le mode le plus usité est l'acceptation tacite. Celle-ci se manifeste lorsqu'un héritier fait un acte qui suppose nécessairement son intention d'accepter, et qu'il n'aurait droit de faire qu'en sa qualité d'héritier[166]. Le législateur présume cette intention à travers les actes de disposition[167], et exclut ceux qui n'en constituent pas[168].

133. L'acceptation sous bénéfice d'inventaire ou en concurrence de l'actif net. Un héritier a recours à cette méthode lorsqu'il craint d'exposer ses propres biens au paiement de la dette du défunt. Le code des successions semble instituer cette option dans cet ordre d'idées en ces termes : « L'effet du bénéfice d'inventaire est de donner à l'héritier l'avantage : - de n'être tenu du paiement des dettes de la succession que jusqu'à concurrence de la valeur des biens qu'il a recueillis, même de pouvoir se décharger du paiement des dettes en abandonnant tous les biens de la succession aux créanciers et aux légataires ; - de ne pas confondre ses biens personnels avec ceux de la succession, et de

---

[165] Article 812 du CPF

[166] *Idem*

[167] Article 814 du CPF

[168] L'article 813 dispose : « les actes purement conservatoires, de surveillance et d'administration provisoire, ne sont pas des actes d'acceptation d'hérédité, si l'on n'y a pas pris le titre ou la qualité d'héritier.

conserver contre elle le droit de réclamer le paiement de ses créances »[169].

134. La méthode consiste par une fiction de la loi à maintenir distinctes les anciennes fortunes du défunt et de son successeur, chacun des actifs ne répondant que du passif qui le correspond[170]. Le législateur prévoit une double condition : une déclaration au greffe du tribunal et un inventaire fidèle et exact des biens de la succession. À cela s'ajoute les conditions de délai. En effet, l'héritier qui opte pour l'acceptation en concurrence de l'actif net dispose trois mois pour faire l'inventaire à compter du jour de l'ouverture de la succession[171]. Ayant pour but de maintenir séparé le patrimoine de l'héritier et celui du défunt, l'acceptation sous bénéfice d'inventaire met le bénéficiaire à l'abri de poursuites des créanciers du défunt sur son patrimoine propre. De telles poursuites sont seulement envisageables que lorsque ledit bénéficiaire mis en demeure de produire un compte n'y satisfasse pas[172].

135. Pour éviter des fraudes dans la réalisation des biens de la succession, le législateur prévoit la voie des enchères publiques pour les meubles[173]. Celle des immeubles doit être faite en respectant les formes prescrites par les lois en cette matière[174]. Ainsi, au Mali pour les transactions immobilières, un acte authentique est nécessaire. Si l'héritier dispose d'une faculté d'option d'acceptation sous bénéfice d'inventaire, l'État ne peut accepter la succession vacante que sous bénéfice d'inventaire.

136. L'État est acceptant sous bénéfice d'inventaire. Le titre V est intitulé « des droits successoraux de l'État ». Les conditions dans lesquelles l'État est admis à succéder et la procédure lui permettant d'acquérir la succession sont déterminées par les articles 803 à 807 du code des personnes et de la famille. L'État est héritier à défaut d'héritier régulier[175]. Il n'est tenu des dettes de la succession qu'à concurrence de l'actif

---

[169] Article 835 du CPF

[170] J. MAURY, Successions et libéralités, op. cit., p. 99

[171] Article 828 du CPF

[172] Article 836 al. 2 CPF

[173] Article 838 du CPF

[174] Article 839 du CPF

[175] Article 803 du CPF

recueilli dans la succession[176]. Dans tous les cas, des formalités de publicité doivent être observées par l'administration des domaines, à défaut elle pourra être condamnée à des dommages et intérêts à l'égard des héritiers qui vont se manifester ultérieurement[177]. L'État renonce obligatoirement si l'actif du patrimoine ne peut pas apurer son passif. Dans le cas contraire, l'acceptation s'impose à lui lorsque la succession est vacante. Un héritier, lorsqu'il en existe peut toujours renoncer à une succession qui lui est échue, sous réserve légale.

2°) La renonciation à la succession

137. Renoncer à une succession revient à un héritier à la répudier ce qui lui revient. « Il se dépouille d'un droit déjà acquis et qu'il ne tenait qu'à lui de conserver »[178]. Cette phrase de Planiol prouve que la renonciation à une succession constitue une anormalité, du fait qu'elle soit contraire au principe de la continuation de la personne. Le législateur semble ne prévoir qu'une seule façon de renonciation à la succession, en disposant qu'elle ne peut être faite qu'au greffe du tribunal civil du lieu d'ouverture de la succession, sur un registre spécial tenu à cet effet[179]. Cette formalité a une double vocation : d'une part, elle équivaut à une volonté d'abdication, d'autre part, elle permet de rendre la renonciation opposable aux tiers. La renonciation accroît la part des cohéritiers[180]. Contrairement à l'acceptation pure et simple, la renonciation est révocable. Elle ne saurait revêtir la forme tacite[181]. L'héritier renonçant pourra toujours revenir sur sa décision tant que le délai de prescription (20 ans)[182] n'est pas révolu, à condition que cette succession n'ait pas été acceptée par d'autres héritiers. Cette volte-face ne doit

---

176 Article 804 du CPF

177 Article 807 du CPF.

178 Planiol,

179 Article 817 Al. 2 du CPF

180 Article 819 du CPF

181 Article 817 du CPF

182 Article 822 du CPF

préjudicier ni le droit des tiers, ni ceux du curateur pour des actes valablement faits sur la succession vacante[183].

138. La renonciation est rétroactive, l'héritier est censé n'avoir jamais été héritier. Cette formulation brève entraîne une autre conséquence notamment l'exclusion de la technique de représentation[184]. Une disposition tout à fait logique, car l'héritier renonçant est censé n'avoir jamais existé.

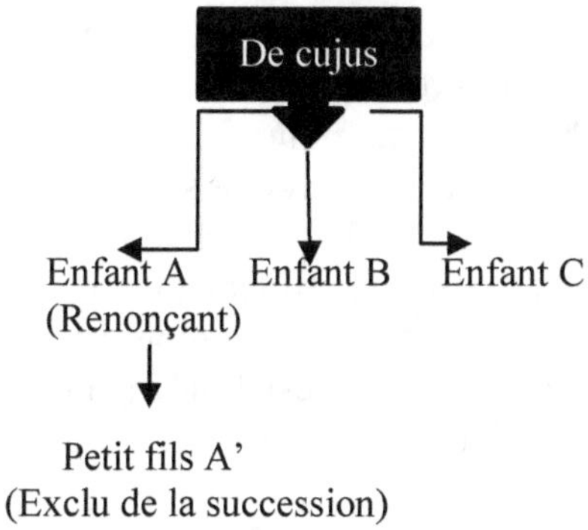

La renonciation de l'enfant A est une condition d'exclusion des héritiers de celui-ci qui ne peuvent pas venir au titre de la représentation. La part de l'enfant A vient accroître celles de B et C.

139. L'exception prévue à cet effet est l'hypothèse où le renonçant est seul héritier de son degré, ou si tous ses cohéritiers renoncent, les enfants viennent de leur chef et succèdent par tête[185].

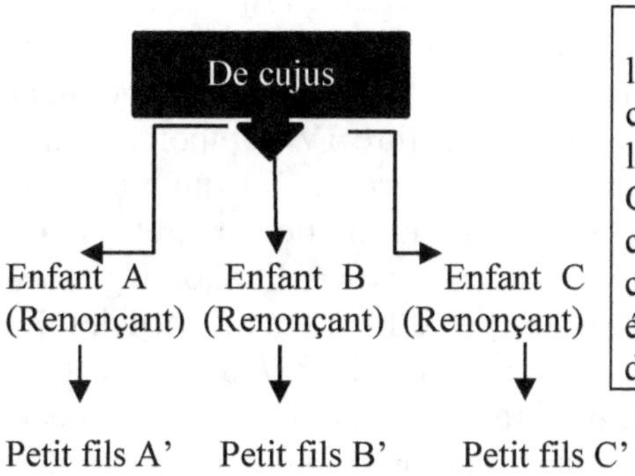

La renonciation de l'enfant A, B et C a pour conséquence de faire venir leurs enfants A', B' et C'. Ceux-ci viennent de leur chef et succèdent par tête, c'est-à-dire comme s'ils étaient les propres enfants du *de cujus*.

---

[183] Article 823 du CPF

[184] Article 820 du CPF

[185] *Idem*

140. Le législateur prévoit une possibilité pour les créanciers de l'héritier renonçant dont la décision de celui-ci leur porte préjudice, d'obtenir du juge l'annulation jusqu'à concurrence de leurs droits. Ledit héritier ne profite pas de la décision judiciaire d'annulation[186]. Néanmoins, le législateur ne précise pas les créances au profit desquelles l'annulation du juge doit être envisagée. S'agit-il des créances antérieures à l'ouverture de la succession ou celles qui lui sont postérieures ? Qu'en est-il d'une créance née après la décision de renonciation et qu'il y a encore possibilité pour le renonçant de révoquer sa décision ? À notre avis, l'utilisation de la formule « Les créanciers de celui qui renonce au préjudice de leurs droits... » ne pourrait s'agir que des créances nées antérieurement à l'ouverture de la succession et avant la décision de renonciation. Si la renonciation est rétroactive, la rétractation l'est également. Le rétractant recouvre sa qualité d'héritier. Il accepte finalement ce qu'il a répudié. La loi permet cette volte-face, car la succession est fondée sur le rapport de parenté et que l'acceptation d'une succession relève d'une liberté.

Section 2. Les héritiers déterminés par le statut successoral de droit commun

141. Le titre IV (34 articles) consacré aux héritiers est divisé en deux chapitres. Précédés de deux articles (769 et 770), ces deux chapitres traitent respectivement les droits des parents en l'absence de conjoints successibles et les droits des conjoints successibles. Le chapitre premier du titre IV comporte quatre sections. Celles-ci sont précédées de l'article 771 qui reconnaît non seulement la qualité de succéder à la filiation naturelle, mais aussi consacre les mêmes droits reconnus à la filiation légitime. La première section définit les ordres d'héritiers de l'article 772 à 778. La deuxième, les degrés (article 779 à 783). La section troisième traite la division par branches paternelle et maternelle à partir de l'article 784 à 788. La dernière section est intitulée « de la représentation », règlementée par l'article 789 à 795. Le chapitre deuxième détermine les droits du conjoint successible.

---

[186] Article 821du code des personnes et de la famille

Celui-ci est appelé à la succession, soit seul, soit en concours avec les parents du défunt. L'article 796 à 802 précise les différents droits reconnus au conjoint successible.

142. Finalement, la dévolution est opérée suivant qu'il y a absence d'un conjoint survivant ou en présence de celui-ci (Paragraphe 1). Les règles de dévolution désignent ceux qui sont appelés à recueillir les droits du *de cujus* ; lesquelles n'indiquent pas comment ces droits sont transmis aux héritiers. Le code des personnes et de la famille organise aussi la transmission de la succession (Paragraphe 2).

Paragraphe 1. La détermination des héritiers

143. Les héritiers appelés suivent une discipline. Le code des personnes et de la famille fixe, l'ordre, le degré et la représentation. Les droits successoraux des parents sont déterminés suivant qu'il y ait conjoint survivant (II) ou en l'absence de celui-ci (I).

I.- Les droits des parents en absence du conjoint survivant

144. La succession est organisée de sorte à maintenir les biens du défunt dans la famille. Le régime de droit commun des successions pour ce faire adopte un système de l'ordre. Celui-ci établit une hiérarchie qui détermine quels sont ceux qui participent et ceux qui, en présence de parents plus proches du défunt, se trouvent écarter de la succession. Le statut de droit commun comporte des règles qui peuvent être qualifiées « d'ordre public successoral ».

1°) L'établissement d'un ordre public successoral

145. Par ordre public successoral[187], il faut entendre des règles impératives qui ne peuvent pas être dérogées par la volonté. La

---

[187] Selon Monsieur GRIMALDI, l'ordre public successoral est composé de la réserve héréditaire, de la prohibition des pactes sur succession future, et de la prohibition des substitutions fidéicommissaires. Par contre, selon Monsieur

doctrine s'accorde sur l'idée de l'ensemble des règles impératives composant les grands principes du droit successoral. L'exposé ne porte que sur l'ordre public successoral du régime de droit commun. Il concerne l'interdiction de discrimination entre les enfants[188]. L'abrogation de certaines coutumes, l'obligation de prévoir une réserve héréditaire ou encore l'interdiction de pacte sur succession future.

146. L'objectif des dispositions d'ordre public en droit successoral est la sauvegarde de certains intérêts particuliers primordiaux, visant à protéger individuellement telle ou telle catégorie de personnes, qui méritent une attention particulière. Dans cette hypothèse, la garantie de l'égalité successorale est une règle essentielle à sauvegarder et constitue un élément de l'ordre public successoral. Cette garantie peut être banale dans un État de droit. Néanmoins l'observation minutieuse de la règle de l'égalité dans le domaine successoral au Mali n'a rien de banal. Elle constitue un point majeur du rejet du régime de droit commun des successions. Les différents statuts successoraux outre le régime de droit commun se particularisent par l'inégalité successorale. Le droit musulman et les différentes coutumes fournissent des exemples en la matière. En droit musulman, le garçon et la fille ne perçoivent pas une part égale, tandis que dans certaines coutumes, celles des bambaras, il existe une règle successorale dite de « primogéniture masculine ». En vertu de cette règle, le premier garçon succède ou dispose plus de droits ou de pouvoirs que les autres enfants du *de cujus.*

147. Le législateur interdit la règle de la primogéniture en ces termes : « Les enfants ou leurs descendants succèdent à leurs père et mère ou autres ascendants, sans distinction de sexe, ni de primogéniture, même s'ils sont issus d'unions différentes »[189]. Le législateur intègre la notion d'héritier réservataire. Ainsi, la disposition des biens par libéralité est reconnue, sauf à prévoir une réserve héréditaire. Dans ce cas, la succession se divise en

---

BEAUBRUN, l'ordre public successoral est composé de la réserve héréditaire, et la prohibition des pactes sur succession future, et du principe de l'égalité successorale.

[188] Les articles 771 et 773 du code des personnes et de la famille.

[189] Article 773 du CPF, p. 57

quotité disponible et la réserve héréditaire[190]. Au-delà de ces précisions le législateur interdit aussi les pactes sur succession future en ces termes : « On ne peut, même par convention matrimoniale, renoncer à la succession d'une personne vivante, ni aliéner les droits éventuels qu'on peut avoir à cette succession »[191]. Autant qu'il est interdit des pactes sur succession non ouverte, il est aussi interdit de déroger à l'ordre des héritiers.

2°) Les règles d'organisation des héritiers

148. Le législateur prévoit des règles relatives aux ordres d'héritiers, à la division par branche paternelle, aux degrés et à la représentation. Quatre ordres d'héritiers sont prévus à l'article 772 du code des personnes et de la famille en l'absence d'un conjoint survivant. Ces ordres sont : 1°- les enfants et leurs descendants ; 2°- les père et mère ; les frères et sœurs et les descendants de ces derniers ; 3°- les ascendants autres que les père et mère ; 4°- les collatéraux autres que les frères et sœurs et les descendants de ces derniers. Chacun de ces quatre ordres constitue un ordre d'héritier qui exclut les autres, excepté les père et mère qui hérite du dixième[192]. Ainsi, lorsque le défunt a laissé un enfant ou des petits-fils, ceux-ci excluent tout autre héritier, exception faite aux père et mère du défunt.

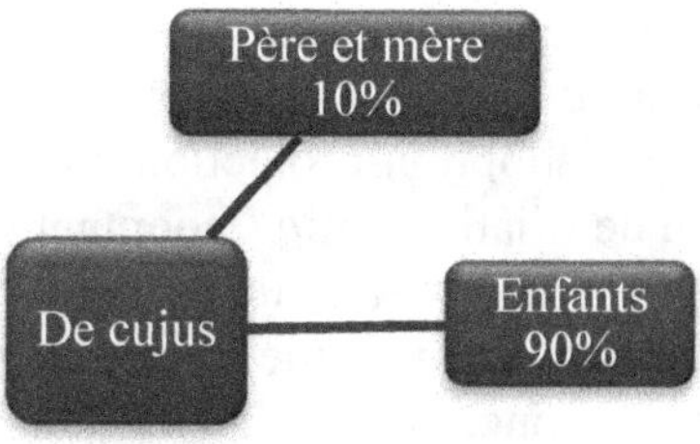

Exemple : Amadou décède laissant 5 enfants et ses père et mère. Sa succession est évaluée à 15.000.000 FCFA. Quel est la part des enfants et celle de ses père et mère ?

Réponse : Parents : 1.500.000 / Enfants : 13 500 000 ÷ 5 = 2.700.000 FCFA pour chaque enfant.

---

[190] V° *Infra*, p. 88 et svts

[191] Article 824 du CPF

[192] Article 772 du CPF

149. Les droits des enfants sont régis par la règle d'égalité, l'égalité entre filiation naturelle et filiation légitime. Mais aussi, l'interdiction de la primogéniture. Le législateur fait un renvoi au livre consacré aux successions pour celles applicables aux enfants issus de l'adoption[193]. Deux types d'adoption sont prévus par le code des personnes et de la famille : l'adoption-protection et l'adoption-filiation. Le premier a pour but soit d'assurer à l'adopté l'entretien, l'éducation, la protection matérielle ou morale dont il a besoin, soit pour permettre à l'adoptant de se procurer d'une postérité[194]. Dans l'un et l'autre cas d'adoption comment le législateur organise la succession ? Pour l'adoption-protection, l'article 533 du code des personnes et de la famille dispose en ces termes : « L'adoption- protection n'ouvre droit à la succession que dans les conditions prévues au présent code relatif aux successions. » Ce code renvoie à son tour aux règles relatives à l'adoption pour les droits successoraux résultant de la filiation adoptive. L'un et l'autre renvoient sans déterminer les droits successoraux de l'adopté. Cependant, l'article 541 du code des personnes et de la famille précise : « La filiation adoptive crée entre l'adoptant et l'adopté les mêmes droits et obligations que ceux résultant de la filiation légitime. » Cette disposition règle le cas de l'adoption filiation. Celle-ci est traitée de la même façon qu'un enfant légitime.

150. Pour l'adoption-protection, il semble que les droits successoraux de celle-ci ne sont pas déterminés par le code. Ainsi, contrairement à l'adoption filiation, le législateur malien ne reconnaît aucun effet successoral à l'adoption-protection qui, il faut le rappeler, ne crée pas de lien de filiation entre l'adoptant et l'adopté. L'article 533 du CPF se contente de faire un renvoi à la partie succession du code. Celle-ci à son tour renvoie à la partie adoption du code. Ce dernier renvoi ne concerne que la filiation adoption. Cette situation constitue un vide juridique. Le législateur a-t-il oublié d'accorder une vocation successorale à une personne faisant l'objet d'adoption-protection ? De toute évidence, le silence du législateur peut se justifier parce que l'adoption-protection ne crée pas de lien de filiation. La solution

193 Article 771 al. 2 du CPF

194 Article 522 du CPF

française est d'accorder une double vocation successorale à l'adopté simple. Celui-ci succède à l'adoptant, mais également conserve son droit successoral dans sa famille d'origine. L'adopté simple bénéficie alors d'un traitement onéreux, toute chose qui est de nature à rompre l'équilibre des droits entre les enfants.

151. Droits successoraux des père et mère lorsque le défunt ne laisse ni postérité, ni frère, ni sœur, ni descendants de ces derniers. Dans ce cas les père et mère de l'enfant lui succèdent, chacun pour moitié.

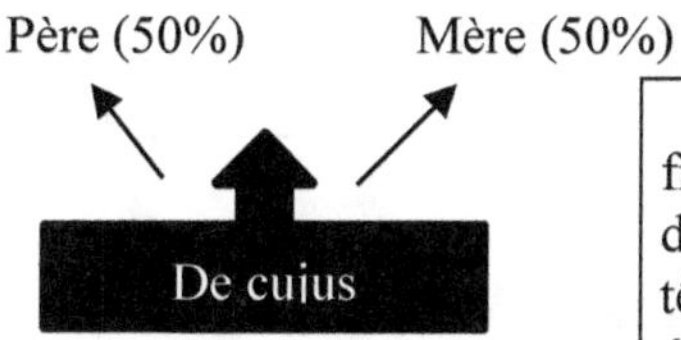

> Un défunt qui ne laisse ni enfant, ni frère, ni sœur, ni descendants de ces derniers, le père et la mère succède par tête et pour moitié. Si le père ou la mère était préalablement décédé, le survivant recueille seule la totalité de la succession.

152. Droits successoraux des frères et sœurs lorsque les père et mère sont décédés avant le défunt et que celui-ci ne laisse pas de postérité. Dans ce cas les frères et sœurs du défunt ou leurs descendants lui succèdent, à l'exclusion des autres parents, ascendants ou collatéraux[195].

> Un défunt qui ne laisse pas de postérité, ni père, ni mère, mais qui laisse 2 frères et 2 sœurs, l'héritage leur est dévolu par tête et de façon égalitaire. A supposer que le frère D est décédé en laissant deux enfants. Ceux-ci viennent au titre de la représentation et recueillent les 25% qui devraient revenir à leur père défunt.

153. Si les père et mère ont survécu, ceux-ci viennent en concourent avec les frères et sœurs du défunt. Dans ce cas, les père et mère recueillent chacun un quart de l'héritage et la moitié restante aux frères et sœurs ou à leurs descendants. Cette hypothèse s'applique lorsque le défunt n'a pas laissé de

---

[195] Article 775 du CPF

descendant mais des frères et sœurs ou des descendants de ces derniers[196].

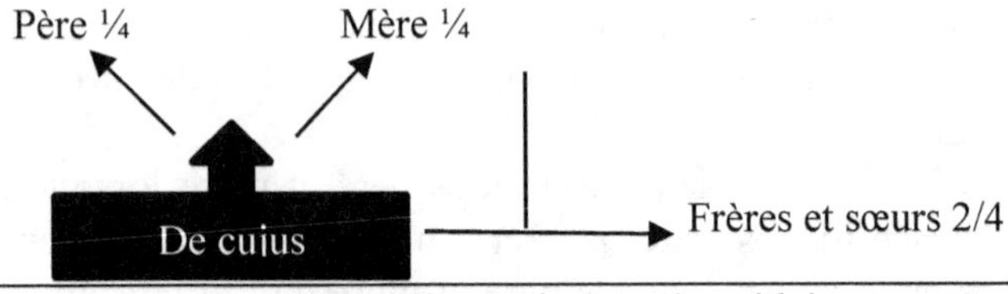

Une personne qui meurt sans descendant, mais qui laisse ses père et mère, et ses frères et sœurs. Son héritage est évalué à 10.000.000. La répartition sera faite de la façon suivante : Père : ¼ = 2.500.000 ; Mère : ¼ = 2.500.000 et les 2/4 = 5.000.000 seront partagés entre les frères et sœurs du défunt.

154. Le cas où c'est un seul des père et mère survit, la succession est dévolue pour un quart à celui-ci et les ¾ aux frères et sœurs ou à leurs descendants[197]. Cette hypothèse s'applique aussi lorsque le défunt n'a laissé qu'un de ses père et mère et ses frères et sœurs, mais pas de descendant de lui.

A supposer que le défunt a laissé qui meurt sans descendant, mais son père, ses frères et sœurs. Son héritage est évalué à 1.000.000. La répartition sera faite ainsi qu'il suit : Père : ¼ = 2.500.000 ; Frères et sœurs ¾ = 7.500.000.

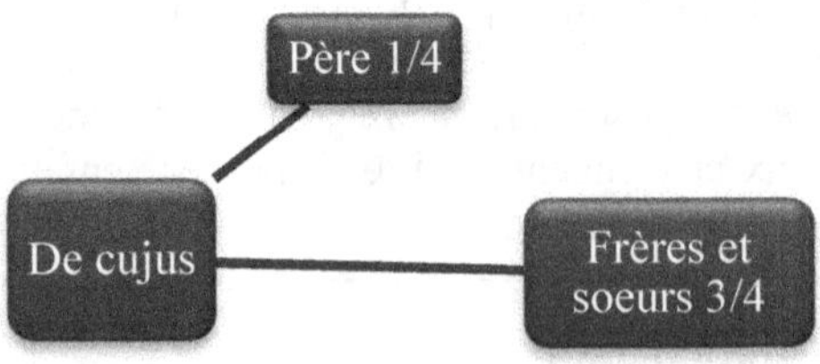

196 Article 776 du CPF
197 Article 776 al. 2 du CPF

155. A défaut des deux premiers ordres, l'héritage est dévolu aux ascendants autres que les père et mère[198]. Les deux premiers sont composés d'une part, des enfants et leurs descendants, d'autre part, des père et mère ; des frères et sœurs et les descendants de ces derniers. La dévolution à des ascendants autres que les père et mère exige l'application de la fente. La fente est un procédé qui permet de diviser l'héritage en deux, la moitié pour la branche paternelle et l'autre moitié pour la branche maternelle.

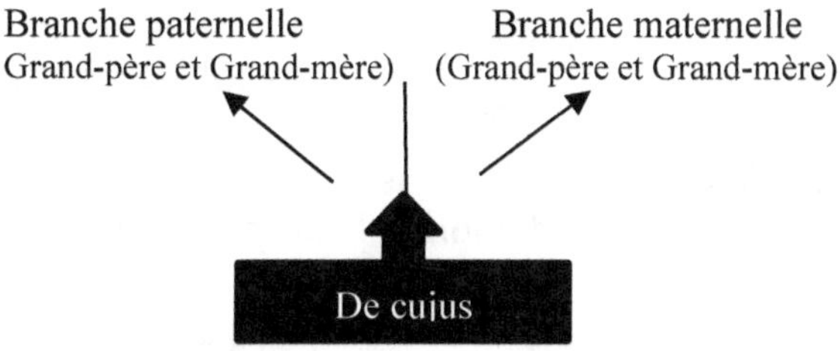

Lorsque les père et mère, les frères et sœurs aussi bien que ses enfants du défunt n'existent pas, l'héritage est dévolu aux ascendants notamment le grand-père et grand-mère.

156. Cependant, si les trois premiers ordres n'existent pas, l'héritage est dévolu aux parents collatéraux autres que les frères et sœurs et les descendants de ces derniers[199].

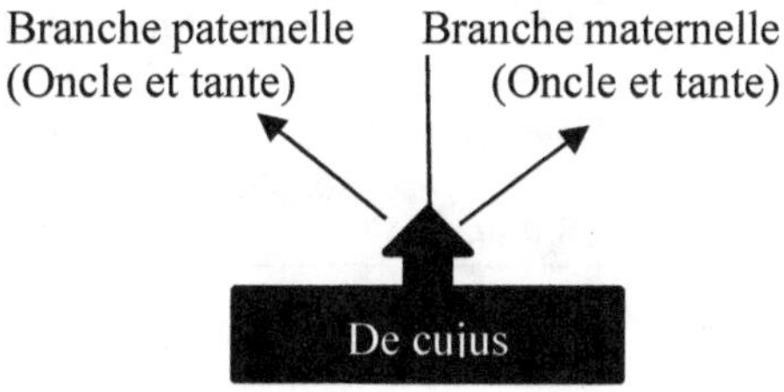

Le dernier ordre est représenté par les collatéraux autres que les frères et sœurs. Ces collatéraux viennent car, il n'y a personne dans les trois premiers ordres. Ici également, il sera applique le mécanisme de la fente.

---

[198] Article 777 du CPF
[199] Article 778 du CPF

Remarque : Dans chaque branche succède l'ascendant qui se trouve au degré le plus proche[200]. Les ascendants au même degré succèdent par tête. Cependant, la fente se referme dès lors qu'il n'y a pas d'ascendant dans une branche. Cette fermeture de la fente permet à l'autre branche de recueillir l'ensemble de l'héritage. Les mêmes règles s'appliquent aux collatéraux, autres que les frères et sœurs.

157. Le législateur permet le mécanisme de la représentation à l'infini dans la ligne directe descendante. La représentation s'applique aussi dans la ligne collatérale[201], mais elle est exclue dans la ligne ascendante[202]. Cependant, les parents collatéraux ne succèdent pas au-delà du 6ème degré[203]. Dans la ligne descendante comme celle d'ascendante, le parent le plus proche exclut le plus éloigné. La représentation est une fiction de la loi, dont l'effet est de faire entrer les représentants dans la place, dans le degré et dans les droits du représenté[204]. Permettant d'établir la proximité de la parenté, le degré est le nombre de générations qui sépare deux personnes.

A l'égard du *de cujus* les fils A et B sont au premier degré, les petits fils A1, A2 et B1 sont au deuxième degré. La suite des degrés forme la ligne. Il existe la ligne directe descendante[205], la ligne directe ascendante et la ligne collatérale[206].

[200] Article 786 du CPF
[201] Article 792 du CPF
[202] Article 791 du CPF
[203] Article 783 du CPF
[204] Article 789 du CPF
[205] On appelle ligne directe, la suite des degrés entre personnes qui descendent l'une de l'autre.
[206] On appelle ligne collatérale, la suite des degrés entre personnes qui ne descendent pas les unes des autres, mais qui descendent d'un auteur commun.

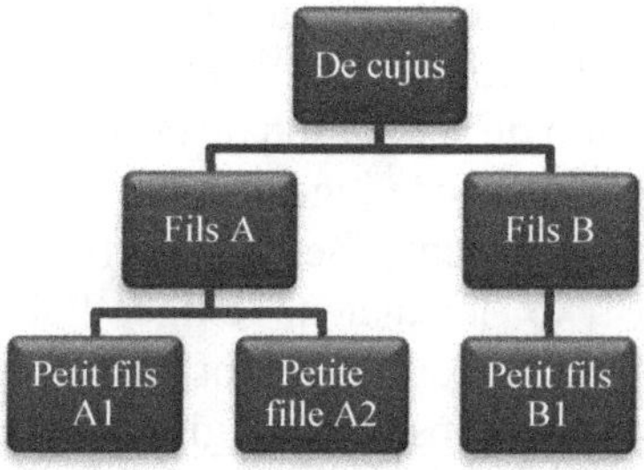

158. Les héritiers qui viennent par représentation constituent une souche. L'article 793 du code des personnes et de la famille précise : « dans tous les cas où la représentation est admise, le partage s'opère par souche comme si le représenté venait à la succession ; s'il y a lieu, il s'opère par subdivision de souche. À l'intérieur d'une souche, ou d'une subdivision de souche le partage se fait par tête. » Les règles ci-dessus décrites s'appliquent en l'absence d'un conjoint survivant. La présence de celui-ci bouleverse la nomenclature de l'ordre successoral.

II.- La situation du conjoint survivant

159. Le conjoint survivant peut-être l'époux ou l'épouse. Le conjoint survivant a été considéré pendant longtemps comme étranger à la famille, laquelle était fondée sur les liens du sang. En conséquence, l'époux survivant, uni par un simple lien d'alliance, n'était appelé à la succession qu'à défaut de tout parent. Le législateur renverse la tendance. Le conjoint survivant ne devient pas seulement un simple héritier, mais un héritier prioritaire (1°) qui voit ses droits renforcés (2°).

1°) Les droits du conjoint survivant

160. Est conjoint successible le conjoint survivant non divorcé contre lequel n'existe pas de jugement de séparation de corps passé en force de chose jugée[207]. Pour être conjoint successible, il faut remplir les critères suivants au moment de l'ouverture de la succession : être vivant[208], être non divorcé[209], ne pas être dans une situation de séparation de corps constaté par un jugement passé en force de chose jugée. Si les deux premiers critères sont logiques, le troisième ne se justifie guère. On comprend mal pourquoi le législateur exige l'absence de séparation de corps constaté par un jugement passé en force de chose jugée. La séparation de corps, dit le législateur, ne dissout pas le mariage mais elle met fin à l'obligation de cohabitation[210]. La séparation de corps peut ne pas déboucher au divorce, même si elle peut eu égard aux circonstances être un pas important vers la rupture du lien matrimonial. En retirant la vocation héréditaire à un conjoint séparé de corps constaté par un jugement passé en force de chose jugée, le législateur diminue les droits de celui-ci. La séparation de corps, il faut le rappeler, ne dispense pas les époux des obligations de protection, de secours, d'assistance et de fidélité[211]. Dès lors que les obligations essentielles du mariage demeurent, la vocation successorale devrait l'être autant. Malheureusement, le législateur n'a pas su tirer les conséquences de l'article 375 du CPF qui maintient les obligations essentielles résultant du mariage.

161. Le conjoint successible est appelé à la succession, soit seul, soit en concours avec les parents du défunt. Les droits du ou des conjoint (s) survivant (s) en concours avec les descendants. Le ou les conjoints survivants, en présence de descendants du défunt, recueillent seul ou ensemble le quart de la succession. Ils recueillent en outre l'usufruit du quart des biens de la succession[212].

---

207 Article 770 du CPF

208 Être vivant à l'instant de l'ouverture de la succession est une exigence légale applicable à tout héritier. Une personne déjà morte avant l'ouverture de la succession ne succède pas.

209 La règle suivant laquelle, il faut garder le statut de non divorcé à l'instant de l'ouverture de la succession s'explique parce qu'il n'y aurait plus de conjoint en cas de divorce.

210 Article 374 du CPF

211 Article 375 du CPF

212 Article 797 du CPF

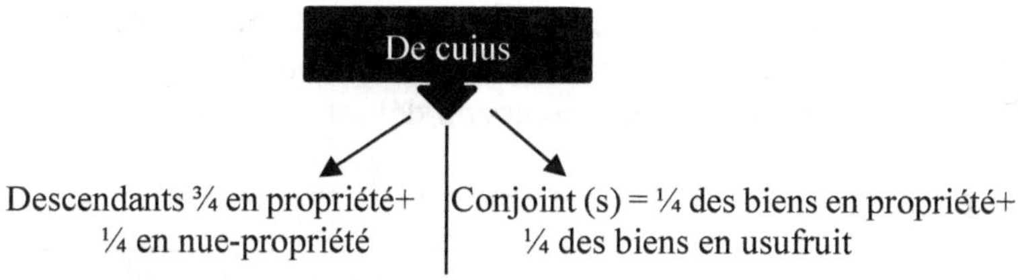

Les droits du ou des conjoint (s) survivant (s) à défaut de descendant, en concours avec les père et mère.

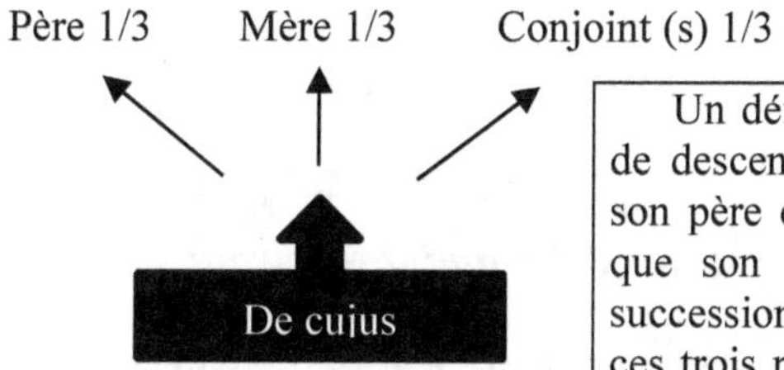

Un défunt qui ne laisse pas de descendant, mais qui laisse son père et sa mère aussi bien que son conjoint en vie. Sa succession sera dévolution entre ces trois par tête et par portion égale[213].

162. En cas de prédécès du père ou de la mère la part qui serait revenue au prédécédé, échoit aux conjoints survivants. Le ou les conjoints survivants recueillent en outre l'usufruit de la moitié des biens de la succession. Le ou les conjoints survivants, à défaut de descendants, de père et mère, en présence des frères et sœurs du défunt, recueillent les deux tiers de la succession. Ils ont en outre le droit d'usufruit sur la totalité des biens de la succession[214].

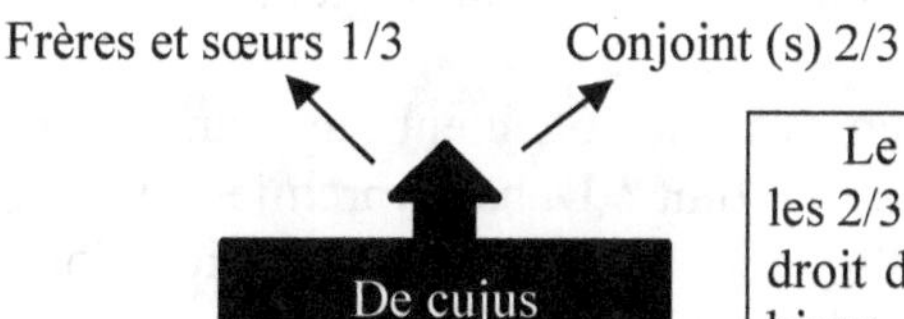

Le conjoint survivant recueille les 2/3 des biens en propriété et un droit d'usufruit sur la totalité des biens.

213 Article 798 du CPF
214 Article 799 du CPF

Le ou les conjoints survivants, recueillent la totalité de la succession par tête et par portion égale, à défaut de descendants, de père et mère, de frères et sœurs du défunt.

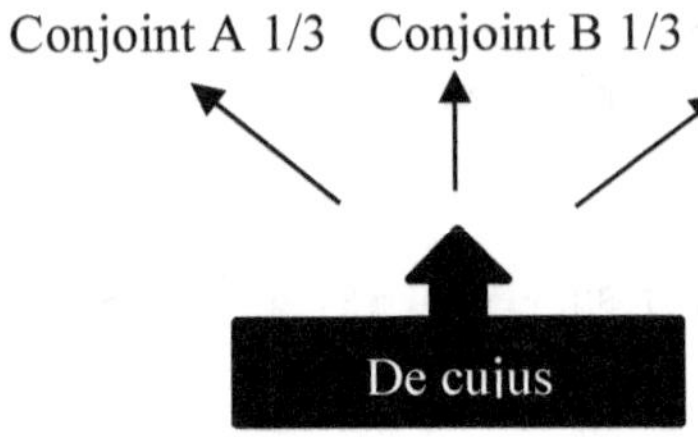

L'existence de plusieurs conjointes survivantes est liée à la pratique de la polygamie. L'homme est autorisé à épouser quatre femmes.

Les avantages accordés au conjoint survivant se trouvent souvent renforcés.

2°) L'extension des droits du conjoint survivant

163. Le législateur ne se contente pas seulement d'accorder des biens au conjoint survivant dans l'héritage, il lui reconnaît aussi un droit au logement sur l'immeuble qui lui servait d'habitation. L'article 801 du CPF précise que : « Le conjoint survivant a, jusqu'au partage de la succession, un droit d'occupation sur l'immeuble qui lui servait d'habitation. Ce droit d'occupation est strictement personnel et cesse le cas échéant, par le décès ou le remariage »[215]. L'objectif visé ici par le législateur est de permettre au conjoint survivant de maintenir les conditions de vie antérieure ou du moins d'éviter une rupture brusque de cette vie. Ce droit au logement s'exerce différemment selon qu'il s'agit d'un immeuble appartenant au défunt ou d'un immeuble loué.

164. Reconnaissant d'un droit au logement sur l'immeuble loué ou celui appartenant au défunt ? Dans le premier cas, les règles applicables sont celles régissant les locations d'immeubles. Ainsi, le décès d'un conjoint ne saurait être une condition de rupture du contrat de bail. Nous ne pensons pas que l'esprit du législateur en reconnaissant au conjoint survivant un droit au logement soit fait en considération d'un immeuble loué,

---

[215] Article 801 du CPF

mais plutôt d'un immeuble appartenant au défunt. Souvent en pratique, dès le décès de l'époux, ses frères et sœurs ou ses père et mère s'en pressaient d'expulser la veuve de l'immeuble, objet de propriété du défunt et qui servait d'habitation pour le couple. Cette expérience malheureuse qui, peut-être, avait poussé le législateur de prévoir une telle protection pour le conjoint survivant.

165. Pour prétendre au droit d'habitation sur l'immeuble, le conjoint survivant doit apporter la preuve que l'immeuble servait d'habitation pour le couple à la date du décès de son conjoint. Il faut aussi que l'immeuble appartienne au défunt, même si cela n'est pas expressément prévu par la loi. En effet, le droit d'habitation que le conjoint survivant pourrait prétendre est un droit personnel et maximum viager. Ce droit peut s'éteindre par le remariage du conjoint survivant, aussi bien que par le partage de la succession. Il y a lieu d'insister sur le caractère personnel du droit d'habitation. Celui-ci ne pourra pas faire l'objet de cession. Le bénéficiaire doit jouir de ce droit en bon père de famille et doit effectuer les réparations d'entretien. Le législateur lui accorde une attribution préférentielle. Les différents cas d'attribution préférentielle au conjoint survivant sont prévus par les 882, 883, 884 et 885 du code des personnes et de la famille. Ils seront analysés plus tard.

166. Le législateur prévoit aussi une possibilité pour le conjoint survivant de convertir ses droits d'usufruit en rente viagère. Celle-ci est une somme d'argent versée régulièrement à un bénéficiaire jusqu'à son décès, en contrepartie de l'abandon par celui-ci d'un bien immobilier ou d'un capital financier. Le support de cette faculté de conversion se trouve à l'article 802 du code des personnes et de la famille qui dispose : « Tout usufruit appartenant au conjoint sur les biens du prédécédé, qu'il résulte de la loi, d'un testament ou d'une donation de biens à venir, donne ouverture à une faculté de conversion en rente viagère, à la demande de l'un des héritiers nus-propriétaires ou du conjoint successible lui-même »[216]. L'utilisation par le législateur de l'expression « tout usufruit » dénote sa volonté de protéger le conjoint survivant. Celui-ci étant le meilleur juge de ses intérêts,

[216] Article 802 du CPF

dispose d'un choix entre conservation et conversion de son usufruit. Néanmoins, le droit de demander la conversion est aussi reconnu aux héritiers.

167. Pour conclure ce chapitre relatif à la dévolution prévue par le régime de droit commun des successions, il y a lieu de rappeler que le législateur malien a voulu se conformer au standard international en vigueur dans les États en matière successorale. Ainsi, il garantit l'égalité, supprime la primogéniture, exige une réserve héréditaire et garantit les droits du conjoint survivant surtout ceux de la veuve. Les principales innovations concernent la garantie de l'égalité entre les enfants légitimes et les enfants naturels[217]. Le traitement égalitaire entre garçon et fille. Toujours au rang des innovations le code règlemente les libéralités et les donations qui sont réductibles dans leur mesure incompatible avec la réserve héréditaire. Autant d'innovations apportées par le code des personnes et de la famille et qui sont compatibles aux instruments internationaux ratifiés par le Mali[218]. Gages du respect des droits fondamentaux, lesdites innovations constituent une avancée majeure dans le droit de la famille. « Les différentes innovations ne doivent pas aussi calfeutrer certaines réalités du code qui constituent un recul »[219]. Ces avancées significatives devraient normalement combler le déficit de règlementation du droit de la famille au Mali. Malheureusement, l'article 751 du même code constitue une entorse à l'application du droit commun des successions. Les héritiers ainsi appelés, la succession leur est transmise. Le code des personnes et de la famille règlemente les modalités de transmission.

---

[217] La suppression de l'inégalité entre enfants naturels et enfants légitimes est qualifiée de véritable révolution par certains. V M. GUISSE, op, cit., p. 346.

[218] Il s'agit de la Déclaration universelle des droits de l'homme, du Pacte international relatif aux droits civils et politiques, de la Charte africaine des droits de l'homme et des peuples, de la convention des Nations Unies pour l'élimination de toutes formes de discrimination à l'égard de la femme, etc.

[219] M. GUISSE, op, cit. pp 345 à 364.

Paragraphe 2. La transmission de la succession aux héritiers

168. La transmission est un mécanisme qui consiste à faire passer le patrimoine du *de cujus* aux héritiers. « La mort saisit le vif par son hoir le plus proche » cet adage de l'ancien droit français est repris par 756 du code des personnes et de la famille en ces termes : « les parents et les conjoints survivants sont saisis de plein droit des biens, droits et actions du défunt, sous l'obligation d'acquitter toutes les charges de la succession. À leur défaut les biens passent à l'État »[220]. Cet article prévoit le principe de la saisine qui est l'investiture légale permettant aux héritiers de prendre possession des biens successoraux sans manifestation de volonté ou accomplissement de formalités. Le principe de l'acquisition immédiate des droits du *de cujus* souffre des exceptions.

I.- Principe de l'acquisition immédiate

169. Dès le décès, les héritiers deviennent propriétaires des biens et créanciers des débiteurs du *de cujus* sans qu'ils ne manifestent une volonté dans ce sens ou accomplissent des formalités. Cette règle procède d'un principe plus général : du « principe fondamental suivant lequel il ne peut exister de droits sans sujets de droit »[221] ; mais également d'une interprétation de l'article 811 du code des personnes et de la famille en ces termes : « l'effet de l'acceptation remonte au jour de l'ouverture de la succession ». La Cour de cassation française rappelle souvent le principe de l'immédiateté de la transmission des droits successoraux[222]. En tout état de cause, la saisine opère la mise en possession de l'hérédité, elle engendre notamment une transmission successorale universelle du droit d'agir

[220] Article 756 du CPF

[221] M. GRIMALDI, *op. cit*, p. 400.

[222] Cass. 1ère civ., 22 juillet 1987 : Bull. civ. I, n° 258 : les « droits acquis par le fait même de ce décès ». Cass. 1ère civ., 2 décembre 1997 : Bull. civ. I, n° 350 : « effets successoraux… dévolus par le seul effet de l'ouverture de la succession. »

matériellement et juridiquement sur l'hérédité pour le compte et dans les intérêts du défunt[223].

II.- Exception de l'acquisition immédiate

170. Tout héritier, excepté l'État et les légataires, dispose du droit de saisine. Les légataires doivent demander leurs legs aux héritiers. S'agissant de l'État, celui-ci reste privé de la saisine et doit, en conséquence accomplir la formalité de l'envoi en possession. Il semble que pour les immeubles, une formalité de publicité foncière est imposée aux héritiers. En plus l'acquisition immédiate des droits du *de cujus* n'est pas définitive, le successeur peut en principe renoncer. Cette renonciation rétroagit, l'héritier est supposé n'ayant jamais acquis une telle qualité[224]. La titularité des droits doit être dissociée de leur exercice.

171. L'exercice des droits successoraux est reconnu aux titulaires (héritiers) sauf s'ils sont incapables, auxquels cas, les règles relatives à la tutelle doivent s'appliquer. À défaut d'héritier régulier, l'État acquiert cette qualité[225], mais doit au préalable accomplir une formalité. La formalité imposée à l'État est l'envoi en possession qui consiste à vérifier le titre de successeur. L'envoi en possession implique toujours un contrôle judiciaire. La procédure qui tend à vérifier l'absence d'héritiers est diligentée par l'administration des domaines de l'État. Elle doit d'abord faire apposer des scellés et dresser inventaire. Ainsi, l'article 805 du CPF prévoit en ces termes : l'administration des domaines de l'État qui prétend avoir droit à la succession est tenue de faire apposer les scellés et de faire l'inventaire dans les formes prescrites pour l'acceptation des successions sous bénéfice d'inventaire[226]. Elle doit demander l'envoi en possession au tribunal dans le ressort duquel la succession est ouverte[227]. La violation des formalités imposées à l'État est

---

223 S. FERRE-ANDRE et S. BERRE, Successions et libéralités, Dalloz, 2012, p. 310

224 Article 818 du CPF

225 Article 803 du CPF

226 Article 805 du CPF

227 Article 806 du CPF

assortie de sanctions en paiement de dommages et intérêts envers les héritiers, s'ils se présentaient[228].

172. Le tribunal statue sur la demande de l'État dans un délai de trois (3) mois, après deux publications consécutives faites à 15 jours d'intervalle dans un journal d'annonces légales et affichage au bureau de la mairie du lieu d'ouverture de la succession, le Procureur de la République entendu. Lorsque la vacance a été régulièrement déclarée, l'administration des domaines peut, avant sa demande, procéder par elle-même aux formalités de publicité prévues à l'alinéa précédent. Dans tous les cas, il est justifié des publications par la production des journaux dans lesquels elles ont été faites, et de l'affichage, par un exemplaire du placard signé du Directeur du service chargé de la conservation des domaines revêtu du visa du maire du lieu d'ouverture de la succession.

173. Cependant, l'État étant un acceptant sous bénéfice de l'actif net n'est tenu de payer les dettes du *de cujus* qu'en concurrence de l'actif recueilli dans la succession[229]. La succession dévolue et transmise aux héritiers, le code des personnes et de la famille détermine les suites à donner (Chapitre 2).

---

[228] Article 807 du CPF
[229] Article 804 du CPF

Chapitre 2. Les suites de la dévolution successorale

174. Le titre VII du livre VII consacré aux successions traite la transmission[230] et liquidation sous l'intitulé « du partage et des rapports ». Il comporte cinq (05) chapitres. Quatre-vingt-seize articles (96) sont consacrés à cet effet. Le chapitre premier est intitulé « de l'indivision et de l'action en partage ». Elles sont règlementées à partir de l'article 849 jusqu'à 894. Le chapitre deuxième porte le titre « des rapports, de l'imputation, et de la réduction des libéralités ». Vingt-sept (27) articles détaillent ce chapitre (article 895 à 921). Le chapitre troisième traite le paiement des dettes (article 922 à 934). Le chapitre quatrième « des effets du partage et de la garantie des lots ». L'article 935 à 938 est consacré à cette fin. Le dernier chapitre du dernier titre du livre consacré aux successions prévoit la rescision en matière de partage des successions. L'article 939 à 944 détermine les conditions et les effets de la rescision pour lésion en matière de partage des successions. La succession demeure une situation précaire qui prend fin par le partage. Ce caractère précaire se dessine à travers l'indivision (Section 1). Nul n'étant tenu de demeurer dans une indivision, le partage peut être à tout moment demandé, c'est la sortie de l'indivision (Section 2).

Section 1. L'indivision successorale

175. L'indivision est la situation dans laquelle plusieurs personnes ont un droit de propriété identique sur un même bien sans qu'il y ait division matérielle de ces droits en plusieurs parts. Chaque indivisaire est propriétaire de tout le bien et pas seulement d'une partie de celui-ci. À compter de la date du décès

[230] V° *Supra* p 72

et jusqu'au partage de la succession sont appliquées à celle-ci les règles de l'indivision dite « indivision successorale ». L'indivision n'a pas de personnalité juridique, mais elle est marquée par une certaine autonomie. Cette autonomie s'explique à travers deux caractères de l'indivision successorale : d'une part, les fruits et les revenus des biens indivis accroissent à l'indivision[231] ; d'autre part, l'indivisaire qui gère un bien doit remettre à l'indivision[232]. L'indivision est constituée des biens existants au jour du décès et ou subrogés plus les fruits et revenus plus les rapports de libéralités. Le législateur règlemente l'indivision et le partage dans un chapitre unique. Il aurait dû pour plus de clarté prévoir une section pour chaque élément. Nous les analysons séparément. Le législateur commence par préciser le caractère précaire de l'indivision avec quelques aménagements (Paragraphe 1) et ses règles de gestion (Paragraphe 2).

Paragraphe 1 : La précarité de l'indivision successorale

176. La précarité de l'indivision est rappelée par l'article 849 al. 1 du CPF en ces termes : « Nul ne peut être contraint à demeurer dans l'indivision et le partage peut être toujours provoqué, à moins qu'il n'y ait été sursis par jugement ou convention. » Le législateur malien a ainsi repris la rédaction de 815 du Code Napoléon de 1804. La doctrine a parfois critiqué l'idée de l'indivision, qui pour elle semble gênante dans un système qui repose sur l'idée de succession immédiate à la personne[233]. Le CPF en excluant toute obligation de demeurer dans une indivision, fait du partage un droit. Ce droit de demander le partage appartient aussi aux créanciers de l'indivisaire, car il leur est interdit de saisir une part indivise. Le droit de demander le partage n'est pas absolu, il comporte des dérogations.

177. Par convention ou par décision judiciaire, le délai de l'indivision peut être prorogé. Il est possible pour le juge, saisi

---

[231] Article 859 du CPF

[232] V° J. MAURY, *op. cit*, p. 107

[233] J. MAURY, *op. cit*, p. 105

d'une demande d'un indivisaire de sursoir au partage pendant 2 ans au plus, si la réalisation immédiate risque de porter atteinte à la valeur des biens indivis. Ce sursis peut concerner l'ensemble des biens ou seulement quelques-uns[234]. De toute évidence, le législateur permet aux indivisaires d'éviter le partage en offrant à celui qui le demande sa part en nature ou en numéraire[235]. Il s'agit là d'une attribution éliminatoire instituée par le CPF.

178. Le maintien judiciaire de l'exploitation agricole et la propriété du local d'habitation. Pour le maintien de l'indivision de l'exploitation agricole, des conditions sont nécessaires : il faut qu'il s'agisse d'une unité économique dont la mise en valeur était assurée par le défunt ou son conjoint ; l'exploitation comprend des éléments dont l'héritier ou son conjoint était déjà propriétaire ou copropriétaire avant l'ouverture de la succession. Dans l'un ou l'autre cas, le juge peut décider du maintien dans l'indivision en appréciant les intérêts en présence et des possibilités d'existence que la famille peut tirer des biens indivis. De la même manière, le juge peut décider pour la propriété du local d'habitation. L'article 850 al. 2 précise : « L'indivision peut également être maintenue à la demande des mêmes personnes et dans les conditions fixées par le tribunal, en ce qui concerne la propriété du local d'habitation ou à usage professionnel qui, à l'époque du décès, était effectivement utilisé pour cette habitation ou à cet usage par le défunt ou son conjoint. Il en est de même des objets mobiliers servant à l'exercice de la profession. »

179. Le maintien de l'indivision peut aussi être décidé lorsque le défunt laisse des héritiers mineurs. Dans ce cas, la demande

---

234 Article 849 Al. 2 du CPF, p. 61

235 L'article 849 al. 3 précise en ces termes : « En outre, si des indivisaires entendent demeurer dans l'indivision, le tribunal peut, à la demande de l'un ou de plusieurs d'entre eux, en fonction des intérêts en présence, attribuer sa part, après expertise, à celui qui a demandé le partage, soit en nature, si elle est aisément détachable du reste des biens indivis, soit en argent, si l'attribution en nature ne peut être commodément effectuée, ou si le demandeur en exprime la préférence ; s'il n'existe pas dans l'indivision une somme suffisante, le complément est versé par ceux des indivisaires qui ont concouru à la demande, sans préjudice de la possibilité pour les autres indivisaires d'y participer s'ils en expriment la volonté. La part de chacun dans l'indivision est augmentée en proportion de son versement. »

peut être portée par le représentant de l'héritier mineur, par tout héritier ou par le conjoint survivant. Celui-ci est le seul à pouvoir présenter la demande en l'absence d'héritier mineur, à la condition qu'il ait été avant le décès ou soit devenu du fait du décès, copropriétaire de l'exploitation agricole ou des locaux d'habitation ou à usage professionnel. S'il s'agit d'un local d'habitation, le conjoint doit avoir résidé dans les lieux à l'époque du décès[236]. Le législateur prévoit le maintien de l'indivision pour une durée supérieure à 5 ans avec possibilité de renouvellement dès lors que le défunt laisse des mineurs ou un conjoint survivant. Dans le premier cas, le maintien peut être décidé jusqu'à la majorité du plus jeune et dans le second cas, jusqu'au décès du conjoint survivant. Le partage pourra être évité avec la technique de l'attribution éliminatoire qui consiste à racheter la part de l'indivisaire qui souhaiterait quitter l'indivision.

Paragraphe 2. La gestion des biens indivis

180. La gestion des biens indivis peut être appréciée à l'image des droits et obligations des indivisaires ; dans laquelle gestion, le juge dispose de certains pouvoirs de contrôle.

✓ Les droits et obligations des indivisaires

181. Chaque indivisaire dispose d'un droit d'usage et de jouissance à charge pour lui de respecter la destination de la chose et les droits des co-indivisaires. Chaque indivisaire peut user et jouir des biens indivis conformément à leur destination, dans la mesure compatible avec le droit des autres indivisaires et avec l'effet des actes régulièrement passés au cours de l'indivision. A défaut d'accord entre les intéressés, l'exercice de ce droit est réglé à titre provisoire, par le président du tribunal. L'indivisaire qui use ou jouit privativement de la chose indivise est, sauf convention contraire, redevable d'une indemnité[237]. En effet, la gestion des biens indivis exige l'accomplissement par les indivisaires des actes conservatoires, d'administration et de disposition.

---

[236] Article 850 al. 4 du CPF

[237] Article 858 du CPF

182. « Par acte conservatoire, la loi comprend l'acte qui a principalement pour objet, soit de maintenir l'existence d'un droit menacé de périr par le fait d'une déchéance, ou d'une prescription, soit de prévenir la perte ou l'aliénation même d'un gage pouvant assurer l'exécution d'un droit »[238]. Ainsi, les actes conservatoires sont des actes matériels et juridiques destinés à éviter la perte du bien, telle que la souscription d'un contrat de bail, d'assurance ou encore l'exercice d'une action en revendication, etc. Le droit de prendre des mesures conservatoires appartient à chaque indivisaire. « Tout indivisaire peut prendre les mesures nécessaires à la conservation des biens indivis. Il peut employer à cet effet les fonds de l'indivision détenus par lui et il est réputé en avoir la libre disposition à l'égard des tiers. A défaut de fonds de l'indivision, il peut obliger ses co-indivisaires à faire avec lui les dépenses nécessaires. Lorsque les biens indivis sont grevés d'un usufruit, ces pouvoirs sont opposables à l'usufruitier dans la mesure où celui-ci est tenu des réparations »[239]. Si l'accomplissement des actes conservatoires peut être effectué par chaque indivisaire, en revanche, les actes d'administration et de disposition requièrent l'assentiment de tous.

183. « L'acte d'administration fait référence à l'acte de gestion courante du patrimoine et qui ne constitue pas un risque anormal pour le patrimoine concerné ». Pour mieux protéger les indivisaires, le législateur exige, contrairement aux actes conservatoires, pour les actes d'administration et de disposition le consentement de tous les indivisaires[240]. Il exige un mandat qui peut être général ou spécial, voire un mandat tacite. L'article 852 affirme : « Les actes d'administration et de disposition relatifs aux biens indivis requièrent le consentement de tous les indivisaires. Ceux-ci peuvent donner à l'un ou à plusieurs d'entre eux un mandat général d'administration. Un mandat spécial est nécessaire pour tout acte qui ne ressort pas de l'exploitation normale des biens indivis, ainsi que pour la conclusion et le renouvellement des baux. Si un indivisaire prend en main la

[238] Cour d'Appel Paris, 27 janvier 1851
[239] Article 851 du CPF
[240] Article 852 du CPF

gestion des biens indivis, au su des autres et néanmoins sans opposition de leur part, il est censé avoir reçu un mandat tacite, couvrant les actes d'administration mais non les actes de disposition ni la conclusion ou le renouvellement des baux. » À la lumière de cette disposition, il est possible de donner mandat général d'administration à un ou plusieurs co-indivisaires. Néanmoins, ce mandat doit être spécial pour tous les actes qui ne concernent ni l'exploitation normale des biens, ni la conclusion et le renouvellement des baux. Le recours à la notion de mandat tacite est possible sauf le cas des actes de disposition, la conclusion et le renouvellement des baux. En outre, il faut entendre par « tout acte qui ne rentre pas dans le cadre de l'exploitation normale des biens indivis », un acte qui ne tiendrait pas compte de la destination des biens et qui en compromettrait sa substance.

184. Enfin, l'acte de disposition renvoie à l'opération permettant de disposer matériellement ou juridiquement d'un bien. Il peut s'agir de la vente, de la donation ou de la destruction du bien. Les actes d'administration et de disposition sont automatiquement soumis à la règle contrainte de l'unanimité.

185. Chaque indivisaire a droit aux bénéfices provenant des biens indivis et supporte les pertes proportionnellement à ses droits dans l'indivision[241]. À remarquer que si un indivisaire gère un ou plusieurs biens indivis, il est redevable des produits nets de sa gestion. Il a droit à la rémunération de son activité dans les conditions fixées à l'amiable, ou, à défaut, par décision de justice[242]. Dans le même ordre d'idées l'article 860 du CPF permet à tout indivisaire de demander sa part annuelle dans les bénéfices, déduction faite des dépenses entraînées par les actes auxquels il a consenti ou qui lui sont opposables. La répartition se fait conformément à l'acte de notoriété ou de l'intitulé d'inventaire établi par le notaire, sauf s'il existe d'autres titres de répartition. En cas de contestation, le président du tribunal civil peut ordonner une répartition provisionnelle des bénéfices sous réserve d'un compte à établir lors de la liquidation définitive. À concurrence des fonds disponibles, il peut aussi ordonner une

[241] Article 859 du CPF
[242] Article 861 du CPF

avance en capital sur les droits de l'indivisaire dans le partage à intervenir. En tout état de cause, lorsqu'un indivisaire améliore à ses frais un bien indivis, il doit en être tenu compte. Il répond des dégradations et détériorations par sa faute[243]. L'action en revendication des fruits se prescrit à cinq ans à compter du jour où ces fruits ont été perçus[244].

186. Au rang des obligations des indivisaires, l'article 857 du CPF prescrit à quiconque qui perçoit des revenus ou expose des frais pour le compte de l'indivision d'en tenir un état qui est mis à la disposition des indivisaires.

✓ L'intervention judiciaire

187. L'article 853 prévoit la situation d'un indivisaire qui se trouve hors d'état de manifester sa volonté. Dans cette situation, un autre indivisaire peut sur autorisation judiciaire représenter l'indivisaire incapable de manière générale ou pour certains actes. L'absence d'autorisation judiciaire seront appliquées les règles de la gestion d'affaires[245]. Cependant, un indivisaire peut être autorisé par justice à passer seul un acte pour lequel le consentement d'un co-indivisaire serait nécessaire, si le refus de celui-ci met en péril l'intérêt commun. L'acte passé dans les conditions fixées par l'autorisation de justice est opposable à l'indivisaire dont le consentement a fait défaut. En aucun cas, le juge ne peut, à la demande d'un nu-propriétaire, ordonner la

---

[243] L'article 862 du CPF affirme : lorsqu'un indivisaire a amélioré à ses frais l'état d'un bien indivis, il doit lui en être tenu compte selon l'équité, eu égard à ce dont la valeur du bien se trouve augmentée au moment du partage ou de l'aliénation. Il doit lui être pareillement tenu compte des impenses nécessaires qu'il a faites de ses deniers personnels pour la conservation desdits biens, encore qu'elles ne les aient point améliorés. Inversement, l'indivisaire répond des dégradations et détériorations qui ont diminué la valeur des biens indivis par son fait ou par sa faute.

[244] L'article 859 du CPF mentionne : « les fruits et les revenus des biens indivis accroissent à l'indivision, à défaut de partage provisionnel ou de tout autre accord établissant la jouissance divise. Aucune action relative aux fruits et revenus ne sera, toutefois, recevable plus de cinq ans après la date à laquelle ils ont été perçus ou auraient pu l'être. »

[245] Article 853 du CPF

vente de la pleine propriété d'un bien grevé d'usufruit contre la volonté de l'usufruitier[246].

188. Le juge dispose de pouvoirs étendus pour protéger l'intérêt commun des indivisaires. L'article 855 du CPF utilise la formule suivante : « Le président du tribunal civil peut prescrire ou autoriser toutes les mesures urgentes que requiert l'intérêt commun. » Il peut même soit désigner un indivisaire comme administrateur en l'obligeant s'il y a lieu à donner caution, soit nommer un séquestre. Le président du tribunal peut aussi interdire le déplacement des meubles corporels sauf à spécifier ceux dont il attribue l'usage personnel à l'un ou à l'autre des ayants droit, à charge pour ceux-ci de donner caution s'il l'estime nécessaire[247].

✓ L'entrée des tiers dans l'indivision

189. Le code des personnes et de la famille à travers son article 863 organise les conditions d'entrée des personnes étrangères à l'indivision. La cession à titre onéreux doit être notifiée aux autres indivisaires par acte extrajudiciaire. Tout indivisaire peut, dans le délai d'un mois qui suit cette notification, faire connaître au cédant, par acte extrajudiciaire, qu'il exerce un droit de préemption aux prix et conditions qui lui ont été notifiés[248]. S'il y a lieu à l'adjudication de tout ou partie

---

[246] Article 854 du CPF

[247] Article 856 du CPF

[248] L'article 863 prévoit : « L'indivisaire qui entend céder, à titre onéreux, à une personne étrangère à l'indivision, tout ou partie de ses droits dans les biens indivis ou dans un ou plusieurs de ses droits est tenu de notifier par acte extrajudiciaire aux autres indivisaires le prix et les conditions de la cession projetée ainsi que les nom, domicile et profession de la personne qui se propose d'acquérir. Tout indivisaire peut, dans le délai d'un mois qui suit cette notification, faire connaître au cédant, par acte extrajudiciaire, qu'il exerce un droit de préemption aux prix et conditions qui lui ont été notifiés. »

En cas de préemption, celui qui l'exerce dispose pour la réalisation de l'acte de vente d'un délai de deux mois à compter de la date d'envoi de sa réponse au vendeur. Passé ce délai, sa déclaration de préemption est nulle de plein droit, quinze jours après une mise en demeure restée sans effet, et sans préjudice des dommages -intérêts qui peuvent lui être demandés par le vendeur. Si plusieurs indivisaires exercent leur droit de préemption, ils sont réputés sauf convention

des droits d'un indivisaire dans les biens indivis ou dans un ou plusieurs de ses biens, l'avocat ou le notaire doit en informer les indivisaires par notification un mois avant la date prévue pour la vente. Chaque indivisaire peut se substituer à l'acquéreur dans un délai d'un mois à compter de l'adjudication, par déclaration au greffe du tribunal ou auprès du notaire. Le cahier des charges établi en vue de la vente doit faire mention des droits de substitution[249]. Les articles 863 et 864 doivent être observés à peine de nullité[250].

- ✓ Les droits des créanciers de l'indivision et des indivisaires

190. Les créanciers qui auraient pu agir sur les biens indivis avant qu'il y eût indivision, et ceux dont la créance résulte de la conservation ou de la gestion des biens indivis, seront payés par prélèvement sur l'actif avant le partage. Ils peuvent en outre poursuivre la saisie et la vente des biens indivis. Les créanciers personnels d'un indivisaire ne peuvent saisir sa part dans les biens indivis meubles ou immeubles. Ils ont toutefois la faculté de provoquer le partage au nom de leur débiteur ou d'intervenir dans le partage provoqué par lui. Les co-indivisaires peuvent arrêter le cours de l'action en partage en acquittant l'obligation au nom et en l'acquit du débiteur. Ceux qui exerceront cette faculté se feront rembourser par prélèvement sur les biens indivis[251].

---

contraire, acquérir ensemble la portion mise en vente en proportion de leur part respective dans l'indivision.

[249] Article 864 du CPF

[250] L'article 865 du CPF dispose qu'est nulle, toute cession ou toute licitation opérée au mépris des dispositions des articles 863 et 864 ci-dessus. L'action en nullité se prescrit par cinq ans. Elle ne peut être exercée que par ceux à qui les notifications devaient être faites ou par leurs héritiers.

[251] Article 866 du CPF

- ✓ L'application des articles 849 et 866 aux indivisions en usufruit

191. Il s'agit du statut précaire de l'indivision[252] et des règles relatives aux droits des créanciers de l'indivision et des indivisaires. « Les dispositions des articles 849 à 866 sont applicables aux indivisions en usufruit en tant qu'elles sont compatibles avec les règles de l'usufruit. Les notifications prévues par les articles 863, 864 et 865 ci-dessus doivent être adressées à tout nu-propriétaire et à tout usufruitier. Mais un usufruitier ne peut acquérir une part en nue-propriété que si aucun nu-propriétaire ne s'en porte acquéreur ; un nu-propriétaire ne peut acquérir une part en usufruit que si aucun usufruitier ne s'en porte acquéreur »[253]. L'indivision est organisée autour des règles fondamentales, aussi bien que celles qui concernent sa sortie.

Section 2. La sortie de l'indivision successorale

192. L'indivision est une situation précaire qui prend fin par le partage, au préalable de cette opération, il y a la liquidation, même s'il faut convenir que le partage n'est pas une obligation. La liquidation a pour objet de reconnaître et de déterminer les droits des héritiers et des légataires en même temps que leurs obligations. La liquidation est le préalable aux opérations de partage, elle correspond à « l'expression comptable de la succession »[254]. Le partage ne s'impose que lorsqu'il y a au moins deux héritiers. Le patrimoine étant constitué de l'actif et du passif, il y a lieu de liquider le passif (Paragraphe 1) avant l'actif (Paragraphe 2).

---

252 Article 846 du CPF

253 Article 867 du CPF

254 S. FERRE-ANDRE et S. BERRE, Successions et libéralités, Dalloz, 2012, p. 351

Paragraphe 1. La liquidation du passif

193. La liquidation du passif héréditaire exige que l'on détermine les dettes qui le composent (1). Au-delà de la composition, le traitement du passif successoral soulève deux questions principales : l'obligation (2) et la contribution au passif (3).

1°) La composition du passif

194. La question principale est celle de savoir quelles sont les dettes qui composent le passif successoral ? La détermination du passif successoral n'est pas souvent chose aisée.

195. En premier lieu, il y a les dettes du défunt ; lesquelles peuvent avoir une origine contractuelle, extracontractuelle ou légale. Néanmoins, il y a des dettes intransmissibles à cause de mort, telles que les obligations alimentaires. En principe, les dettes ne s'éteignent pas par la mort et cette dernière ne suspend pas la prescription et n'emporte pas déchéance du terme. La dette dont le défunt était tenu envers l'un des héritiers subsiste aussi.

196. En second lieu, les charges de la succession concernent les dettes qui résulteraient directement du décès. Ce sont entre autres les frais funéraires « utiles »[255] ; les frais de liquidation et de partage qui s'entendent de tous les frais afférents à ces opérations : frais de scellés, d'inventaires et de compte, et toutes autres dépenses utiles engagées dans l'intérêt commun des successeurs[256]. Il y a lieu d'ajouter les indemnités de préavis et de licenciement dues à l'employé dont le contrat de travail a cessé par la mort de son employeur[257].

2°) L'obligation au passif successoral

Qui sont obligés au passif? et quelle est l'étendue de l'obligation au passif?

---

[255] M. GRIMALDI, op. cit., p. 531

[256] Cass. civ., 13 juin 1964 : Bull. civ. I, n° 334

[257] M. GRIMALDI, Droit civil – Successions, op. cit., P. 532

✓ Les personnes tenues au passif

197. « Les héritiers sont tenus des dettes et charges de la succession, personnellement pour leur part et portion virile, et hypothécairement pour le tout ; sauf leur recours, soit contre leurs cohéritiers, soit contre les légataires universels, à raison de la part pour laquelle ils doivent y contribuer »[258]. Les successeurs universels ou à titre universel sont les seuls tenus à l'obligation à la dette, peu importe qu'ils succèdent en pleine propriété, en nue-propriété ou en usufruit. La raison de l'attribution de cette qualité est liée au caractère indivisible du patrimoine. Les ayants-cause universels et à titre universel recueillent la totalité ou une quote-part du patrimoine.

198. Le légataire particulier par principe n'est pas tenu de payer le passif, à moins que le défunt ait expressément mis à sa charge une part du passif ou que le légataire ait reçu un bien grevé d'un droit de suite, c'est le cas de l'hypothèque[259].

✓ L'étendue de l'obligation au passif

199. Deux règles sont envisageables : le principe « l'obligation *ultra vires successionis* » et l'exception « l'obligation *intra vires successionis* ».

200. L'héritier, continuateur de la personne du défunt, est tenu d'une obligation *ultra vires*. Cette obligation exige de l'héritier de payer l'intégralité de la dette du *de cujus* même si l'actif recueilli reste inférieur au passif. L'héritier qui accepte purement et simplement la succession ne pourra pas se prévaloir de l'insuffisance d'actif pour désintéresser les créanciers successoraux. Ainsi, les successeurs à la vocation universelle ou à titre universel sont obligés indéfiniment des dettes et charges de la succession sans distinction[260]. GRIMALDI soutient que le seul principe de continuation du défunt ne saurait justifier l'obligation *ultra vires*. Que l'obligation illimitée se justifie par

---

[258] Article 925 du CPF

[259] Article 1062 du CPF

[260] S. FERRE-ANDRE et S. BERRE, Successions et libéralités, Dalloz, 2012, p. 357

deux raisons principales, l'une d'ordre familial, l'autre économique[261]. D'une part, sur le plan familial, il s'agit de la solidarité et de l'honneur de la famille de s'acquitter de toutes les dettes du *de cujus*, même en cas d'insuffisance d'actif. D'autre part, l'aspect économique est aussi avancé par le même auteur pour la justification de l'obligation illimitée[262]. « L'héritage se justifie par le souci de la bonne exploitation des biens, il doit être aménagé dans cette perspective économique. Or, il est économiquement bon que les créanciers soient payés : le développement du crédit, devenu essentiel à l'économie, passe par sa sécurité »[263]. L'obligation *ultra vires* a été consacrée par l'arrêt TOUSSAINT, rendu le 13 août 1981. Dans un attendu, l'arrêt précise :

> « Attendu que le droit à une quotité de la succession implique l'obligation de supporter une quotité proportionnelle des dettes et des charges ; que ce droit et cette obligation sont des conséquences corrélatives de tout titre successif universel ; qu'il n'y a point à distinguer, sous ce rapport, entre les successeurs à titre universel qui sont institués par la loi et ceux qui sont institués par la volonté de l'homme ; qu'il n'y a pas à distinguer davantage soit entre légataire universel, qui, se trouvant en concours avec un héritier en réserve, est tenu de demander la délivrance, et le légataire universel, qui, ne concourant point avec un héritier légitime, est saisi de plein droit de la succession, soit même entre le légataire universel et le légataire à titre universel ; que ces divers légataires sont, comme les héritiers eux-mêmes, de véritables successeurs à titre universel, ayant les mêmes droits, sujets aux mêmes charges »[264].

---

[261] M. GRIMALDI, Droit civil – Successions, op. cit., p. 548

[262] *Idem*, p. 549

[263] M. GRIMALDI, op. cit., p. 549

[264] Cass. civ., *13 août* 1851

201. L'obligation *intra vires successionis* au cas d'acceptation sous bénéfice d'inventaire constitue une exception à la règle *ultra vires*. Cette forme d'acceptation a pour effet principal de limiter l'obligation du successeur au passif, son but est d'exclure *ultra vires* : le successeur n'est plus tenu qu'à concurrence de l'actif net[265].

3°) La contribution au passif successoral

202. En présence de plusieurs successeurs, le passif se répartit proportionnellement à la vocation de chacun. C'est un principe de bon sens consacré par le code des personnes et de la famille en ces termes : « Les cohéritiers contribuent entre eux au paiement des dettes et charges de la succession, chacun dans la proportion de ce qu'il y prend »[266]. Ainsi, toutes les fois qu'un héritier a payé plus que sa part, il a un recours contre les autres successeurs tenus pour se faire rembourser de ce qu'il a payé au-delà de sa propre obligation de contribution. C'est le cas également pour l'hypothèque. Le cohéritier ou successeur à titre universel, qui, par l'effet de l'hypothèque, a payé au-delà de sa part de la dette commune, n'a de recours contre les autres cohéritiers ou successeurs à titre universel, que pour la part que chacun d'eux doit personnellement en supporter, même dans le cas où le cohéritier qui a payé la dette se serait fait subroger aux droits des créanciers ; sans préjudice néanmoins des droits d'un cohéritier qui, par l'effet du bénéfice d'inventaire, aurait conservé la faculté de réclamer le paiement de sa créance personnelle, comme tout autre créancier[267].

203. La contribution concerne aussi le légataire universel[268]. Est exclu du paiement des dettes et charges de la succession, le légataire particulier. Néanmoins, le légataire particulier qui a acquitté la dette dont l'immeuble légué était grevé, demeure

---

265 M. GRIMALDI, op. cit., p. 558

266 Article 922 du CPF

267 Article 927 du CPF

268 L'article 923 précise : « Le légataire à titre universel contribue avec les héritiers au prorata de son émolument. Mais le légataire particulier n'est pas tenu des dettes et charges, sauf toutefois l'action hypothécaire sur l'immeuble légué. »

subrogé aux droits du créancier contre les héritiers et successeurs à titre universel[269]. En cas d'insolvabilité du cohéritier ou successeur à titre universel, sa part dans la dette hypothécaire est répartie sur tous les autres, au marc le franc[270]. Lorsque les immeubles d'une succession sont grevés de rentes par hypothèque spéciale, chacun des cohéritiers peut exiger que les rentes soient remboursées et les immeubles rendus libres avant qu'il soit procédé à la formation des lots. Si les cohéritiers partagent la succession dans l'état où elle se trouve, l'immeuble grevé doit être estimé au même taux que les autres immeubles ; il est fait déduction du capital de la rente sur le prix total : l'héritier dans le lot duquel tombe cet immeuble demeure seul chargé du service de la rente, et il doit en garantir ses cohéritiers[271]. Les titres exécutoires contre le défunt sont pareillement exécutoires contre l'héritier personnellement[272] au même titre que celui-ci peut faire exécuter les titres exécutoires que le défunt dispose contre ses débiteurs. C'est la question de la détermination de la masse active.

Paragraphe 2. La liquidation de l'actif

204. La liquidation de l'actif obéit à une triple règle : le rapport de libéralités, la réduction des libéralités et le partage.

1°) Le rapport des libéralités

205. Le rapport des libéralités est une institution en vertu de laquelle un héritier doit rendre compte à la succession des libéralités qu'il a reçues du *de cujus* : il doit les rapporter à la masse successorale, qui, ainsi reconstituée, se partagera entre tous les héritiers à proportion de la vocation héréditaire de chacun[273]. Le code des personnes et de la famille pose le principe de rapport de libéralités en ces termes : Tout héritier, même bénéficiaire, venant à une succession, doit rapporter à ses

[269] Article 926 du CPF
[270] Article 928 du CPF
[271] Article 924 du CPF
[272] Article 929 du CPF
[273] M. GRIMALDI, op. cit., p. 643

cohéritiers tout ce qu'il a reçu du défunt, par donation entre vifs, directement ou indirectement. Il ne peut retenir les dons à lui faits par le défunt, à moins qu'ils ne lui aient été faits expressément par préciput et hors part, ou avec dispense de rapport. Les legs faits à un héritier sont réputés faits par préciput et hors part, à moins que le testateur n'ait exprimé la volonté contraire, auquel cas, le légataire ne peut réclamer son legs qu'en moins prenant[274].

> « Le préciput est un avantage parfois accordé par le disposant, dans certains cas par la loi consistant pour un héritier *ab intestat* qui avait été gratifié par le défunt, dans le droit de retenir le bien donné ou légué en plus de sa part, sans le rapporter lors du partage à la succession de l'auteur de la libéralité »[275].

206. Les dons faits par préciput ou avec dispense de rapport ne peuvent être retenus, ni les legs réclamés par l'héritier venant à partage que jusqu'à concurrence de la quotité disponible : l'excédent est sujet à réduction[276]. Néanmoins tous les biens ne sont pas rapportables. Les articles 904 à 907 du CPF déterminent les biens non rapportables. Les frais de nourriture, d'entretien, d'éducation, d'apprentissage, les frais ordinaires d'équipement, ceux de noces et présents d'usage, ne doivent pas être rapportés[277]. Il en est de même des profits que l'héritier a pu retirer de conventions passées avec le défunt, si ces conventions ne présentaient aucun avantage indirect, lorsqu'elles ont été faites[278]. Pareillement, il n'est pas dû de rapport pour les associations faites sans fraude entre le défunt et l'un de ses héritiers, lorsque les conditions en ont été réglées par un acte authentique[279]. Le bien qui a péri par cas fortuit et sans la faute du donataire n'est pas sujet à rapport. Toutefois, si ce bien a été reconstitué au moyen d'une indemnité perçue en raison de sa

---

[274] Article 895 du CPF

[275] G. CORNU, Vocabulaire juridique, *op. cit.*, p. 704.

[276] Article 896 du CPF

[277] Article 904 du CPF

[278] Article 905 du CPF

[279] Article 906 du CPF

perte, le donataire doit le rapporter dans la proportion où l'indemnité a servi à sa reconstitution. Si l'indemnité n'a pas été utilisée à cette fin, elle est elle-même sujette à rapport[280].

✓ Les débiteurs du rapport de libéralités

207. Pour être débiteur du rapport de libéralités, il faut cumuler une double qualité : d'une part être successeur *ab intestat* ; d'autre part, être personnellement gratifié. C'est pour cette raison que le rapport n'est pas dû à l'héritier renonçant qui demeure étranger à la succession[281]. Pareillement, le fils venant de son chef à la succession du donateur, n'est pas tenu de rapporter le don fait à son père, même quand il aurait accepté la succession de celui-ci. Mais si le fils ne vient que par représentation, il doit rapporter ce qui avait été donné à son père, même dans le cas où il aurait répudié sa succession[282]. Les dons et legs faits au fils de celui qui se trouve successible à l'époque de l'ouverture de la succession, sont toujours réputés faits avec dispense de rapport. Le père venant à la succession du donateur, n'est pas tenu de les rapporter[283]. Les dons et legs faits au conjoint d'un époux successible, sont réputés faits avec dispense de rapport. Si les dons et legs sont faits conjointement à deux époux, dont l'un seulement est successible, celui-ci en rapporte la moitié. Si les dons sont faits à l'époux successible, il les rapporte en entier[284].

---

280 Article 907 du CPF

281 L'article 897 du CPF précise : « L'héritier qui renonce à la succession, peut cependant retenir le don entre vifs, ou réclamer le legs à lui fait, jusqu'à concurrence de la portion disponible ».

282 Article 900 du CPF

283 Article 899 du CPF

284 Article 901 du CPF

✓ Les créanciers du rapport de libéralités

208. Le rapport est dû par un héritier à son cohéritier[285], car il tend à garantir l'égalité des héritiers. Il n'est pas dû ni au renonçant, ni à l'indigne.

✓ Les modes d'exécution du rapport en libéralités

209. À préciser de prime abord que les fruits et les intérêts des choses sujettes à rapport ne sont dus qu'à compter du jour de l'ouverture de la succession[286]. Le rapport peut s'exécuter en nature ou en valeur. S'il s'exécute en nature c'est le bien lui-même qui est restitué à la masse successorale. L'héritier a aussi la faculté de rapporter en nature le bien donné qui lui appartient encore à condition que ce bien soit libre de toute charge ou occupation dont il n'aurait pas déjà été grevé à l'époque de la donation[287]. Le rapport est dû de la valeur du bien donné à l'époque du partage, d'après son état à l'époque de la donation. Si le bien a été aliéné avant le partage, on tiendra compte de la valeur qu'il avait à l'époque de l'aliénation. Si un nouveau bien a été subrogé au bien aliéné, il sera tenu compte de la valeur de ce nouveau bien à l'époque du partage[288]. Le rapport se fait en moins prenant. Il ne peut être exigé en nature sauf stipulation contraire de l'acte de donation. Dans le cas d'une telle stipulation, les aliénations et constitutions de droits réels consenties par le donataire s'éteindront par l'effet du rapport à moins que le donateur n'y ait consenti[289]. En tout état de cause, les libéralités qui portent atteinte à la réserve héréditaire peuvent être réduites.

---

[285] Article 909 du CPF « Le rapport n'est dû que par le cohéritier à son cohéritier. Il n'est pas dû aux légataires ni aux créanciers de la succession. »
[286] Article 908 du CPF
[287] Article 811 du CPF
[288] Article 912 du CPF
[289] Article 910 du CPF

2°) La réduction des libéralités

210. Pour déterminer la réserve héréditaire, il faut calculer le montant de la réserve héréditaire et de la quotité disponible en présence de quatre enfants[290].

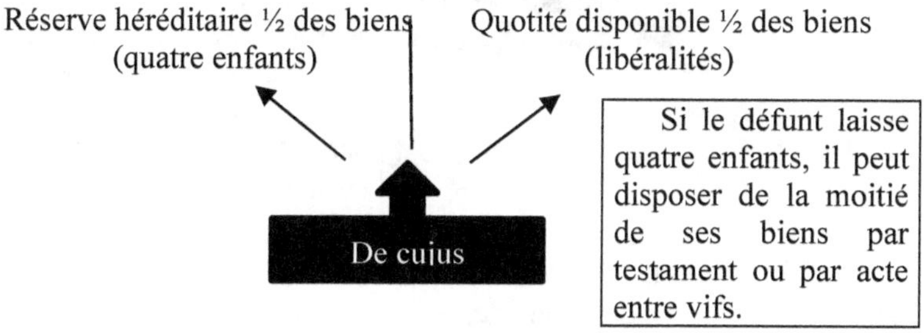

211. Montant de la réserve héréditaire et de la quotité disponible en présence de plus de quatre enfants.

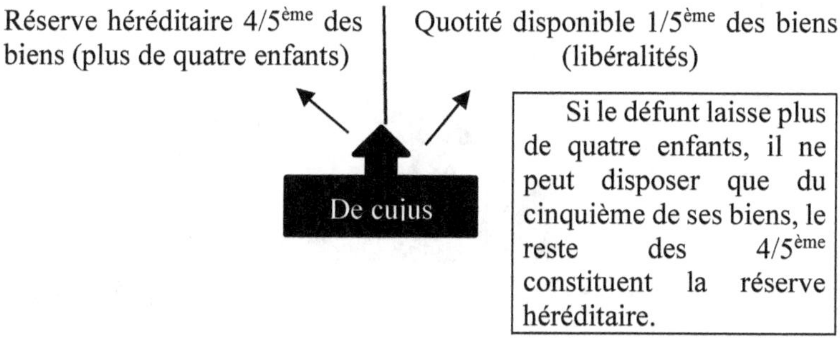

212. Montant de la réserve héréditaire et de la quotité disponible à défaut d'enfant, le défunt laisse un ou plusieurs ascendants dans chacune des lignes paternelle et maternelle[291].

---

[290] L'article 971 du CPF prévoit : « Les libéralités, soit par acte entre vifs, soit par testament, ne peuvent excéder la moitié des biens du disposant, s'il laisse à son décès quatre enfants au plus ; le cinquième s'il laisse plus de quatre enfants, sans qu'il y ait lieu de distinguer entre les enfants légitimes et les enfants naturels. » p. 70

[291] L'article 973 du CPF dispose : « Les libéralités, par acte entre vifs ou par testament, ne peuvent excéder le quart des biens, si, à défaut d'enfant, le défunt laisse un ou plusieurs ascendants dans chacune des lignes, paternelle et maternelle, et le tiers s'il ne laisse d'ascendants que dans une ligne. Les biens

Réserve héréditaire ¾ des biens (lignes ascendantes)

Quotité disponible ¼ des biens (libéralités)

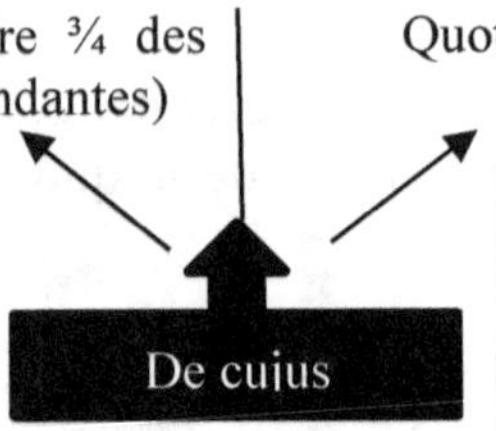

A défaut d'enfant et en présence des parents dans les deux lignes ascendantes, la réserve héréditaire est de ¾, le ¼ des biens peut être disposé par acte entre vifs ou par testament.

213. Montant de la réserve héréditaire et de la quotité disponible à défaut d'enfant, le défunt laisse un ascendant dans une des lignes ascendantes.

Réserve héréditaire 2/3 des biens (ligne ascendante)

Quotité disponible 1/3 des biens (libéralités)

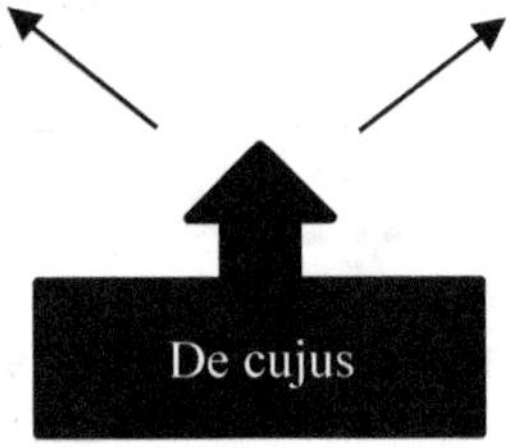

A défaut d'enfant et en présence d'un parent dans une seule ligne ascendante, la réserve héréditaire est de 2/3, le 1/3 des biens peut être disposé par acte entre vifs ou par testament.

214. Montant de la réserve héréditaire et de la quotité disponible à défaut de descendant et d'ascendant, le défunt laisse un conjoint survivant successible[292].

---

ainsi réservés au profit des ascendants sont par eux recueillis dans l'ordre où la loi les appelle à succéder : ils ont seuls droit à cette réserve dans tous les cas où un partage en concurrence avec des collatéraux ne leur donnerait pas la quotité de biens à laquelle elle est fixée. »

[292] L'article 974 du CPF : « Les libéralités, par acte entre vifs ou par testament, ne peuvent excéder le tiers des biens si, à défaut de descendant et

Réserve héréditaire 2/3 des biens (conjoint survivant)

Quotité disponible 1/3 des biens (libéralités)

A défaut de descendant et d'ascendant mais un conjoint survivant successible, la réserve héréditaire est de 2/3, le 1/3 des biens peut être disposé par acte entre vifs ou par testament.

215. A défaut de descendants, d'ascendants et de conjoint survivant non divorcé, contre lequel n'existe pas de jugement de séparation de corps passé en force de chose jugée et qui n'est pas engagé dans une instance en divorce ou séparation de corps, les libéralités par acte entre vifs ou testamentaires peuvent épuiser la totalité des biens[293]. Cependant, lorsque les libéralités portent atteinte à la réserve héréditaire, la réduction n'est pas de droit, une demande doit être faite dans ce sens.

3°) Le partage

216. Le partage met fin à l'indivision, elle suppose l'existence de plusieurs successeurs universels ou à titre universel. Il soulève trois questions : les modalités de partage, les effets du partage et la sanction en cas d'inobservation des règles du partage.

a) Les modalités de partage

Le partage peut prendre deux modalités : l'une amiable, l'autre judiciaire.

---

d'ascendant, le défunt laisse un conjoint survivant, non divorcé, contre lequel n'existe pas de jugement de séparation de corps passé en force de chose jugée et qui n'est pas engagé dans une instance en divorce ou séparation de corps. »

[293] Article 975 du CPF

✓ Le partage amiable

217. Le partage peut être fait dans la forme que les parties jugent convenables si tous les héritiers sont présents et capables[294]. Ainsi, si tous les successeurs sont capables et présents, ils peuvent recourir au partage amiable. Le partage amiable n'est pas nécessairement définitif, il peut n'être que partiel.

218. Le code des personnes et de la famille prévoit des situations d'attribution préférentielle. Le conjoint survivant ou tout héritier copropriétaire peut également demander l'attribution préférentielle : - de la propriété ou du droit au bail du local qui lui sert effectivement d'habitation, s'il y avait sa résidence à l'époque du décès et du mobilier le garnissant ; - de la propriété ou du droit au bail du local à usage professionnel servant effectivement à l'exercice de sa profession et des objets mobiliers à usage professionnel garnissant ce local ; - de l'ensemble des éléments mobiliers nécessaires à l'exploitation d'un bien rural cultivé par le défunt à titre de fermier ou de métayer lorsque le bail continue au profit du demandeur, ou lorsqu'un nouveau bail est consenti à ce dernier[295]. La demande d'attribution préférentielle, à défaut d'accord amiable, est portée devant le tribunal, qui se prononce en fonction des intérêts en présence. En cas de pluralité de demandes concernant une exploitation ou une entreprise, le tribunal tient compte de l'aptitude des différents postulants à gérer cette exploitation ou cette entreprise et à s'y maintenir et en particulier de la durée de leur participation personnelle à l'activité de l'exploitation ou de l'entreprise. Les biens faisant l'objet de l'attribution sont estimés à leur valeur au jour du partage. Sauf accord amiable entre les copartageants, la soulte éventuellement due est payable comptant[296].

219. Dans la formation et la composition des lots, on doit éviter de morceler les héritages et de diviser les exploitations. Dans la mesure où le morcellement des héritages et la division des exploitations peuvent être évités, chaque lot doit, autant que possible, être composé, soit en totalité, soit en partie, de meubles

---

[294] Article 870 du CPF
[295] Article 883 du CPF
[296] Article 885 du CPF

ou d'immeubles, de droits ou de créances de valeur équivalente. Le conjoint survivant ou tout héritier copropriétaire peut demander l'attribution préférentielle par voie de partage, à charge de soulte s'il y a lieu, de toute exploitation agricole, ou partie d'exploitation agricole, constituant une unité économique, ou quote-part indivise d'exploitation agricole même formée pour une part de biens dont il était déjà propriétaire ou copropriétaire avant le décès, à la mise en valeur de laquelle il participe ou a participé effectivement. Dans le cas de l'héritier, la condition de participation peut avoir été remplie par son conjoint. S'il y a lieu, la demande d'attribution préférentielle peut porter sur des parts sociales, sans préjudice de l'application des dispositions légales ou des clauses statutaires sur la continuation d'une société avec le conjoint survivant ou un ou plusieurs héritiers. Les mêmes règles sont applicables en ce qui concerne toute entreprise commerciale, industrielle ou artisanale, dont l'importance n'exclut pas un caractère familial. Au cas où ni le conjoint survivant, ni aucun héritier copropriétaire ne demanderait l'application des dispositions du troisième alinéa ci-dessus, l'attribution préférentielle peut être accordée à tout copartageant sous la condition qu'il s'oblige à donner à bail dans un délai de six mois le bien considéré à un ou plusieurs des cohéritiers remplissant les conditions personnelles prévues au troisième alinéa ci-dessus ou à un ou plusieurs descendants de ces cohéritiers remplissant ces mêmes conditions[297].

✓ Le partage judiciaire

220. Le partage doit être fait en justice, si tous les cohéritiers ne sont pas présents suivant les règles des articles 870 à 890[298] ci-dessus. Il en est de même s'il y a parmi eux des mineurs non émancipés ou des majeurs en tutelle. S'il y a plusieurs mineurs, il peut leur être donné à chacun un tuteur spécial et particulier[299]. L'action en partage et les contestations qui s'élèvent, soit à

---

[297] Article 882 du CPF

[298] L'article 890 du CPF précise : Si, dans les opérations renvoyées devant un notaire, il s'élève des contestations, le notaire dressera procès-verbal des difficultés et des dires respectifs des parties, les renverra devant le président du tribunal et, au surplus, il sera procédé suivant les formes prescrites par les lois sur la procédure.

[299] Article 891 du CPF

l'occasion du maintien de l'indivision, soit au cours des opérations de partage, sont, à peine de nullité soumises au seul tribunal du lieu de l'ouverture de la succession. C'est devant ce tribunal qu'il est procédé aux licitations et que doivent être portées les demandes relatives à la garantie des lots entre copartageants et celles en rescision du partage. Dans le cas où il y aurait lieu une tentative de conciliation, le juge du tribunal civil du lieu de l'ouverture de la succession sera seul compétent à peine de nullité. Si toutes les parties sont d'accord, le tribunal peut être saisi de la demande en partage par une requête collective. S'il y a lieu à licitation, la requête contiendra une mise à prix qui servira d'estimation, dans ce cas, le jugement est rendu en chambre du conseil et n'est pas susceptible d'appel si les conclusions de la requête sont admises par le tribunal sans modification[300].

b) Les effets du partage

Il existe deux effets résultant du partage : l'effet déclaratif et la garantie des lots.

✓ L'effet déclaratif du partage

221. Chaque cohéritier est censé avoir succédé seul et immédiatement à tous les effets compris dans son lot, ou à lui échu sur la licitation, et n'avoir jamais eu la propriété des autres effets de la succession[301]. Le partage est un acte déclaratif de droits.

✓ La garantie des lots

222. Les cohéritiers demeurent respectivement garants, les uns envers les autres, des troubles et évictions seulement qui procèdent d'une cause antérieure au partage. La garantie n'a pas lieu, si l'espèce d'éviction soufferte a été exceptée par une clause particulière et expresse de l'acte de partage. Elle cesse, si c'est par sa faute que le cohéritier souffre l'éviction[302]. Ainsi, chacun des cohéritiers est personnellement obligé, en proportion de sa part héréditaire, d'indemniser son cohéritier de la perte que lui a

---

[300] Article 872 du CPF

[301] Article 935 du CPF

[302] Article 936 du CPF

causée l'éviction. Si l'un des cohéritiers se trouve insolvable, la portion dont il est tenu doit être également répartie entre le garanti et tous les cohéritiers solvables[303]. L'inégalité des lots en nature se compense par un retour soit en rente, soit en argent[304].

c) La sanction de la violation des règles du partage

223. Les partages peuvent être rescindés pour cause de violence ou de dol. Il peut aussi y avoir lieu à rescision, lorsqu'un des cohéritiers établit, à son préjudice, une lésion de plus du quart. La simple omission d'un objet de la succession ne donne pas ouverture à l'action en rescision, mais seulement à un supplément à l'acte de partage[305]. Le législateur semble admettre la nullité et la lésion.

✓ La nullité du partage

224. L'action en nullité du partage amiable n'est admise, sauf s'il y ait vice du consentement (violence, dol, le juge français admet l'erreur[306]), ou qu'un héritier ait été omis. L'action en rescision est admise contre tout acte qui a pour objet de faire cesser l'indivision entre cohéritiers, encore qu'il fût qualifié de vente, d'échange et de transaction, ou de toute autre manière. Mais après le partage, ou l'acte qui en tient lieu, l'action en rescision n'est plus admissible contre la transaction faite sur les difficultés réelles que présentait le premier acte, même quand il n'y aurait pas eu à ce sujet de procès commencé[307]. L'action n'est pas admise contre une vente de droits successifs faite sans fraude à l'un des cohéritiers, à ses risques et périls, par ses autres cohéritiers, ou par l'un d'eux[308]. Le défendeur à la demande en rescision peut en arrêter le cours et empêcher un nouveau partage, en offrant et en fournissant au demandeur le supplément de sa portion héréditaire, soit en numéraire, soit en nature[309]. Le cohéritier qui a aliéné son lot en tout ou partie n'est plus

---

[303] Article 937 du CPF
[304] Article 886 du CPF
[305] Article 939 du CPF
[306] Cass. civ. 27 janvier 1953. GAJC n°117-118, 12ème édit., Tome I p. 682.
[307] Article 940 du CPF
[308] Article 941 du CPF
[309] Article 943 du CPF

recevable à intenter l'action en rescision pour dol ou violence, si l'aliénation qu'il a faite est postérieure à la découverte du dol, ou à la cessation de la violence[310].

✓ La lésion dans le partage

225. « La lésion résultant du déséquilibre des prestations promises dans le contrat au moment de sa formation n'entraîne la nullité ou rescision qu'en vertu d'une disposition expresse de la loi »[311]. Le code des personnes et de la famille prévoit une disposition expresse d'un cas de lésion dans le partage de l'héritage. Il faut que le lésionnaire subisse un préjudice une lésion de plus du quart[312]. Pour juger s'il y a eu lésion, on estime les objets suivant leur valeur à l'époque du partage[313].

Conclusion

226. Le législateur malien a fait un pas, mais pas un grand pas dans la règlementation des successions. Un pas, car il a réussi là où ses prédécesseurs ont échoué notamment en codifiant les règles relatives aux successions. Mais, il ne s'agit pas d'un grand pas car, les 95% de la population ne peuvent pas bénéficier des innovations apportées par le code. Un problème lié à la formulation de l'article 751 du CPF qui ne donne aucune possibilité de choix en présence de la religion ou de la coutume. En d'autres termes on ne choisit pas si l'on a une religion ou une coutume établie qui a vocation à s'appliquer automatiquement. Finalement, on revient à la situation antérieure au code. Situation à laquelle les successions étaient essentiellement régies par la religion et la coutume. Pourtant, la loi n°09-038 / AN-RM du 3 août 2009 dont la promulgation était interrompue par le Président de la République qui l'envoya devant l'Assemblée Nationale pour relecture offrait l'opportunité de choix est un bon exemple de pluralisme juridique, mais aussi un espoir d'unification des

310 Article 944 du CPF
311 Article 55 du Régime général des obligations au Mali
312 Article 939 du CPF
313 Article 842 du CPF

règles successorales. Si le juge malien appliquait les us locaux aux successions, la transition vers l'unification des règles successorales était plus facile à réaliser. Cette loi permettait au *de cujus* de son vivant de choisir librement sa religion ou sa coutume comme mode de dévolution de sa succession. Si une personne choisissait sa religion par exemple et qui discrimine un successible, cette discrimination engendrée est à la charge de l'auteur. Cette situation peut être concevable en matière successorale. La discrimination devient inadmissible lorsqu'elle est imputable à l'État. C'est ce qui résulte de la loi n°11-087 / AN-RM du 30 décembre 2011 portant CPF.

227. L'État a l'obligation de contribuer aux changements des mentalités en jouant un rôle positif. Le renvoi législatif à des coutumes et religions est une fuite en avant du législateur de ses responsabilités. Au lieu de résoudre un problème ponctuel, le législateur crée un conflit normatif. Le code doit être le résultat de la synthèse des différentes sensibilités sans remettre en cause les principes cardinaux de l'État de droit. Malheureusement, ce code constitue une promotion des règles religieuses et coutumières, du coup, une ouverture vers une insécurité juridique. Il appartient désormais au juge malien de jouer un rôle déterminant notamment en écartant la religion et la coutume au profit du régime de droit commun, toutes les fois que les circonstances l'exigent. Comme l'avait fait la Cour suprême du Sénégal dans l'affaire Babacar Diop (arrêt précité). Ce qui pourra contribuer significativement à l'émergence d'un droit successoral adapté au contexte économique et social du Mali.

Bibliographie

Ouvrages

A. A. N'DIAYE, Droit patrimonial de la famille au Mali, Régimes matrimoniaux et successions, Tome II Successions, édit. Jamana 2008

A., S. SIDIBE, Le pluralisme juridique en Afrique (l'exemple du droit sénégalais), Tome L, LGDJ, 1991

A. G. A. KOUASSIGAN : Quelle est ma loi ? Tradition et modernisme dans le droit privé de la famille en Afrique noire francophone, édit. A Pedonne, Paris, 1974

C., CABRILLAC (R.), FRISON – ROCHE (M-A) et REVET (T.) (Dir), Libertés et droits fondamentaux, Notions et sources : l'être, le citoyen, le justiciable, l'auteur économique et social, Paris, Dalloz, 12ème édit. 2006

D. ALLAND et S. RIALS, Dictionnaire de la culture juridique, édition PUF, 2003, p. 779

G. BARTHOUX, L'école à l'épreuve des cultures, édit. PUF 2008, p. 2.

G. CORNU, Vocabulaire juridique, Paris, PUF, 1988

G. LEBRETON, Libertés publiques et droits de l'homme, Paris, Sirey, 8ème édit., 2008

J. MAURY, Successions et libéralités, 8ème édit. LITEC Lexis-Nexis

M. GRIMALDI, Droit civil – Successions, 6ème édit., Litec 2001

P. DELNOY, Les libéralités et les successions, Précis de droit civil, édit. Larcier 4ème édit. Mise à jour par Pierre MOREAU

S. FERRE-ANDRE et S. BERRE, Successions et libéralités, Dalloz 2012

O. KONE, La controverse autour du code des personnes et de la famille au Mali : enjeux et stratégies des acteurs, Thèse de Doctorat sous la Direction de Anne E. CALVÈS, Université de Montréal, Faculté des études supérieures et postdoctorales

Instruments juridiques

Loi n° 11-087 du 30 décembre 2011 portant code des personnes et de la famille, J.O.R.M. spécial n° 2 du 31/01/2012

Loi n°09-38 AN-RM du 3 Août 2009 portant code des personnes et de la famille, non publiée

Loi n 62-17 / AN-RM du 3 février 1962 portant code de mariage et de la tutelle.

Loi n°87-31 AN-RM du 29 Août 1987 fixant le Régime Général des Obligations (RGO)

Décret n° 99-254/P-RM du 11 septembre 1999 portant code de procédure civile commerciale et sociale.

Loi n°72-61 du 12 juin 1972 portant code de famille au Sénégal

Ordonnance n°20-16 du 31 janvier 1980 portant code des personnes et de la famille au Togo

Zatu an VII 13 du 16 novembre 1989 portant institution et application d'un code des personnes et de la famille au Burkina Faso

La Déclaration universelle des droits de l'homme du 10 décembre 1948.

Le Pacte international relatif aux droits civiques et politiques (1966) entré en vigueur en 1976, ratifié le 16 juillet 1974. Le Protocole facultatif n°1 se rapportant au pacte international relatif aux droits civils et politiques, ratifié le 24 octobre 2001.

La Convention pour l'élimination de toutes les formes de discrimination à l'égard des femmes (1979), entrée en vigueur en 1981, ratifiée le 10 septembre 1985. La Charte africaine des droits de l'homme et des peuples adoptée par la conférence des chefs d'État de l'OUA (1981) entrée en vigueur en 1986, ratifié le 21décembre 1981.

Articles

A. Lucas, « Une théorie moribonde : la théorie des comourants », JCP N 1977.I.163, n°41 p.171.

B. KAMENA, Les innovations apportées par le projet de code des personnes et de la famille au droit malien : quelques exemples à propos du mariage, in Revue pluridisciplinaire de l'Université Gaston Berger de Saint-Louis, Sénégal, n°21, juin 2011, pp 241-260, page 254.

I., NAJJAR, Les principes généraux du droit successoral comparé, qu'est-ce qu'un principe général du droit successoral ? Colloque des 4 – 5 – 6 octobre 2001 U.S.J., le 4 octobre 2001, p. 2.

L. HAMDAN, Les difficultés de codification du droit de la famille algérien, in Revue internationale de droit comparé. Vol 37, n°4, Octobre-décembre 1985. pp. 1001-1015, page 1004.

M. B. DEMBELE, « Réflexion du droit malien des successions », in Revue juridique et politique des États Francophones, n°6, 2016

M. B. DEMBELE, Une ultime relecture du code des personnes et de la famille : Le Mali condamné ! A propos de l'arrêt du 11 mai 2018 rendu par la Cour Africaine des Droits de l'Homme et des peuples, communication au colloque international au Luxembourg septembre 2018.

M. de BECHILLON, La notion de principe général en droit privé, in Revue internationale de droit comparé. Vol. 51 n°1, janvier-mars 1999

M. GUISSE, Le statut de l'enfant naturel au regard du code des personnes et de la famille au Mali, in Revue Africaine des Sciences Politiques et Sociales, N°6, Mai 2015, pp 327 à 363, page 328.

N-C NDOKO, Les manquements au droit de la famille en Afrique Noire, in Revue internationale de droit comparé, vol. 43 n°1, Janvier-mars 1991. pp. 87-104

S. F. SOBZE, De la création du droit en Afrique « A comment fabrique-t-on le droit en Afrique ?» Quelles innovations pour la sécurité juridique en Afrique ? *in* Revue de la fondation RAPONDA-WALKER, n°6, 2013

P. BRUNET, Introduction : la hiérarchie des normes, fétiche ou nécessité ? in revue de théorie constitutionnelle et de philosophie du droit 2013, https://journals.openedition.org/revus/2768

S. LAGHMANI, Droit musulman et droit positif : le cas tunisien, article en ligne, consulté le 14/07/2019 https://books.openedition.org/cedej/404?lang=fr

T. ATANGANA-MALONGUE, Le principe d'égalité en droit camerounais de la famille, in Revue internationale de droit comparé, n°3 2006, pp. 833-858.

Jurisprudence

CADH, APDF c. / République du Mali, Requête n° 046/2016, arrêt du 11 mai 2018.

CSM, Civ. 1ère, 19 septembre 2016

CSM, Civ. 1ère, 02 juin 2008, arrêt n°160 S. F. B et O. S. et autres c/ D. N. S

CSM, Civ 1ère, 6 avril 1998, arrêt n°69,

CSM, Civ. 2ème, 17 décembre 2007, arrêt n°286.

CSM, Civ 1ère 28 juillet 2002, MS c/ LM et MDS, pourvoi n° 66 DU 1er février 2001

CSM, Civ 1ère, 6 avril 1998, arrêt n°69 Ibrahim Alabass c/ Farimata Mahamadou.

CAB, 18 avril 2007, arrêt n°201, S. F. B et O. S. et autres c/ D. N. S.

TPI CIII, 30 mars 2000, jument n° 63, S. F. B et O. S. et autres c/ D. N. S.

TPI CI, 27 juin 2008, jugement n°398, N. B. c/ S. B. et autres.

TPI CI, 27 janvier 2015, jugement n°023, Y. D. c/ S. C. Dans le même sens TPI. CIV, 15 juin 2011, jugement n°194, S.S c/ S.S et autres.

TPI CIII, chambre coutumière, 27 décembre 2004, jugement n° 309.

Index alphabétique

(Les chiffres renvoient aux numéros des paragraphes en marge des pages de l'ouvrage)

Table des matières

Structures éditoriales du groupe L'Harmattan

L'Harmattan Italie
Via degli Artisti, 15
10124 Torino
harmattan.italia@gmail.com

L'Harmattan Hongrie
Kossuth l. u. 14-16.
1053 Budapest
harmattan@harmattan.hu

L'Harmattan Sénégal
10 VDN en face Mermoz
BP 45034 Dakar-Fann
senharmattan@gmail.com

L'Harmattan Cameroun
TSINGA/FECAFOOT
BP 11486 Yaoundé
inkoukam@gmail.com

L'Harmattan Burkina Faso
Achille Somé – tengnule@hotmail.fr

L'Harmattan Guinée
Almamya, rue KA 028 OKB Agency
BP 3470 Conakry
harmattanguinee@yahoo.fr

L'Harmattan RDC
185, avenue Nyangwe
Commune de Lingwala – Kinshasa
matangilamusadila@yahoo.fr

L'Harmattan Congo
67, boulevard Denis-Sassou-N'Guesso
BP 2874 Brazzaville
harmattan.congo@yahoo.fr

L'Harmattan Mali
ACI 2000 - Immeuble Mgr Jean Marie Cisse
Bureau 10
BP 145 Bamako-Mali
mali@harmattan.fr

L'Harmattan Togo
Djidjole – Lomé
Maison Amela
face EPP BATOME
ddamela@aol.com

L'Harmattan Côte d'Ivoire
Résidence Karl – Cité des Arts
Abidjan-Cocody
03 BP 1588 Abidjan
espace_harmattan.ci@hotmail.fr

Nos librairies en France

Librairie internationale
16, rue des Écoles
75005 Paris
librairie.internationale@harmattan.fr
01 40 46 79 11
www.librairieharmattan.com

Librairie des savoirs
21, rue des Écoles
75005 Paris
librairie.sh@harmattan.fr
01 46 34 13 71
www.librairieharmattansh.com

Librairie Le Lucernaire
53, rue Notre-Dame-des-Champs
75006 Paris
librairie@lucernaire.fr
01 42 22 67 13

www.ingramcontent.com/pod-product-compliance
Lightning Source LLC
LaVergne TN
LVHW021224061026
849535LV00008B/2909
* 9 7 8 2 3 4 3 2 1 7 8 5 7 *